KB039367

부는 어디서 오는가

WALLACE D. WATTLES.

THE
SCIENCE OF
GETTING
RICH

BY

W. D. WATTLES

Author of "New Science of Living
and Healing."

PRICE, $1.00

PUBLISHED BY
ELIZABETH TOWNE
HOLYOKE, MASS.
1910

목차

서문

이 책은 철학서도, 이론으로 가득한 논문도 아니다. 그야말로 실용적인 설명서다. 돈이 절실한 사람들, 무엇보다 부자가 되는 것이 급선무인 사람들을 위한 책이다. 또한 지금껏 돈과 관련한 철학을 깊이 탐구할 시간과 수단, 기회를 미처 얻지 못했지만, 과학적 결론을 기꺼이 받아들여 부자가 되는 근본 원리를 바로 적용하고자 하는 사람들을 위한 책이다.

먼저 이 책에서 소개하는 기본 명제를 발명가 마르코니나 에디슨이 발표한 전기의 법칙을 믿는 것처럼 확고한 믿음으로 받아들여야 한다. 기본 명제를 받아들였다면 두려움이나 망설임 없이 행동으로 옮겨 그것이 진실임을 증명하라.

누구든 이 책에 소개한 방법을 따른다면 분명히 부자가 될 것이다. 그 방법은 정확한 과학이어서 실패할 수 없기 때문이다. 하지만 철학적 이론과 논리적 기반을 얻고자 하는 사람들을 위해서 이 책의 근간이 되는 몇 가지 근거를 소개해보겠다.

하나가 전체이고 전체가 하나라는 일원론적 우주론은, 하나의 본질이 물질세계에서 다양한 요소로 자신을 드러낸다는 원리를 말한다. 힌두교에서 유래한 일원론은 200년 동안 서양 사상에 깊이 파고들었으며, 모든 동양 철학은 물론 데카

르트, 스피노자, 라이프니츠, 쇼펜하우어, 헤겔, 에머슨 철학의 기초가 되었다. 이에 대한 철학적 토대를 파헤치고 싶다면 헤겔과 에머슨이 쓴 글을 읽어보기를 권한다.

나는 누구나 이해하기 쉽도록 이 책을 단순명료하게 쓰려고 노력했다. 이 책에서 제시한 행동 계획은 철학적 사유의 결과이지만, 실생활에서 많은 사람들이 실천을 통해 그 효과가 이미 검증되었다.

어떻게 그런 결론에 도달했는지 알고 싶다면 위에서 언급한 철학자들의 책을 먼저 읽어보길 권한다. 당신이 진정으로 부자가 되길 원한다면 이 책을 읽어라. 그리고 이 책에서 이야기하는 대로 꼭 실천해보기 바란다.

월리스 와틀스

THE
SCIENCE   OF
GETTING RICH

부는 어디서 오는가

1장. 누구나 부자가 될 권리가 있다

가난을 미사여구로 아무리 포장한다 해도 부인할 수 없는 한 가지는 부자가 아니면 성공한 삶을 살기 힘들다는 것이다. 누구도 충분한 돈 없이는 자신의 재능을 최대한 펼칠 수도, 영혼을 일깨울 수도 없다. 가능성을 펼치고 재능을 꽃피우기 위해서는 활용할 자원이 많아야 하는데 돈이 없다면 이런 자원을 가질 수 없기 때문이다.

사람은 여러 자원을 활용해 마음과 영혼을 살

찌우고 신체를 건강하게 가꾼다. 현대사회에서는 그러한 자원을 소유하려면 돈이 필요하다. 따라서 사람이 발전하기 위해서는 부자가 되는 과학이 기초를 이루어야 마땅하다.

모든 살아 있는 것의 목적은 발전이다. 모든 생명에는 자신이 성취할 수 있는 최대한의 발전을 누릴 천부적인 권리가 있다. 사람은 정신적·영적·육체적 성취에 필요한 모든 것을 아무런 제한 없이 자유롭게 사용할 권리가 있다. 누구나 부자가 될 권리가 있다는 말이다.

나는 이 책에서 부를 비유적으로 설명하지 않는다. 진정한 의미의 부는 사소한 것에 만족하거나 안주하는 것이 아니다. 더 많이 갖고 더 많이 누릴 수 있다면 작은 것에 만족해서는 안 된다. 생명이 진화하고 성장하는 것은 자연의 섭리인

만큼 누구나 품위 있고 아름답고 풍요로운 삶을 누릴 권리가 있다. 그렇지 못한 상태에 만족하는 것은 죄악이다.

부자란 누구인가? 원하는 모든 것을 소유하고 자신이 살고 싶은 대로 사는 사람이다. 돈이 부족하면 원하는 것을 가질 수 없다. 세상이 꾸준히 발전하면서 인간의 삶이 너무 복잡해졌기 때문에, 아무리 평범한 사람이라도 제대로 인생을 누리려면 막대한 돈이 필요하다.

사람이라면 누구나 자신이 가진 능력을 최대한 발휘해 성과를 내고 싶어 한다. 내면에 잠재된 가능성을 실현하고자 하는 욕망은 인간의 본성이다. 우리는 할 수 있는 한 모든 것을 이루길 원한다. 성공이란 자신이 원하는 사람이 되는 것이며, 원하는 사람이 되기 위해서는 필요한 자원을 활용할 수 있어야 한다. 그 자원을 살 수 있을 만큼 부자여야만 자유롭게 그것을 활용할 수 있다. 따라서 부자가 되는 과학적 방법을 이해하는 것은 다른 어떤 지식보다도 중요하다.

부자가 되고자 하는 것은 조금도 잘못된 일이 아니다. 부유해지고 싶은 마음은 더 풍족하고 충만한 삶에 대한 열망이므로 오히려 칭찬받아 마땅하다. 풍족하게 살기를 바라지 않는 사람이 비정상적이다. 원하는 것을 모두 살 수 있을 만큼 충분한 돈을 바라지 않는 사람이야말로 정상이 아니다.

우리는 몸·마음·영혼의 만족이라는 삶의 세 가지 동기를 위해 살아간다. 이 세 가지 사이에 더 우월한 것은 없다. 모두 똑같이 중요하다. 몸과 마음, 영혼 가운데 어느 하나라도 충만하게 채

위지지 않는다면 나머지 역시 온전할 수 없다. 영혼만을 위해 살면서 마음과 몸을 부정하는 것은 바람직하지도 고귀하지도 않다. 또한 마음만을 중시하면서 몸과 영혼을 부정하는 것 역시 옳지 않다.

　마음과 영혼은 돌보지 않은 채 몸만 가꾸며 사는 것이 어떤 끔찍한 결과를 초래하는지 우리는 잘 알고 있다. 진정한 삶이란 몸과 마음과 영혼을 통해 가능한 한 많은 것을 완벽하게 실현하는 것이라는 사실도 안다. 어떤 말로 둘러댄다 해도 육체가 제 기능을 다하지 못하면 진정으로 행복을 느끼거나 만족하며 살 수 없다. 마음과 영혼이 온전히 기능하지 못할 때도 마찬가지다. 가능성을 제대로 실현하지 못하거나 능력을 완전히 발휘하지 못하면 욕망이 충족되지 않는다. 욕망은 가능성을 구체적 성과로 실현할 때 충족되기 때문이다.

좋은 음식, 편안한 옷, 안락한 주거지가 없거나 과도한 노동에서 벗어나지 못하면 육체적으로 충만한 삶을 살 수 없다. 적절한 휴식과 흥미로운 취미 역시 우리 몸에 꼭 필요하다.

책을 읽고 그 내용을 탐구할 시간이 없거나 여행이나 관찰할 기회, 다른 사람과 지적인 교류가 없다면 정신적으로 풍요로운 삶을 살 수 없다.

정신적으로 풍요롭게 살고 싶다면 지적 호기심을 채워주는 취미를 즐겨야 하며, 주변에 감상하고 즐길 수 있는 예술품과 같은 아름다운 대상이 있어야 한다.

영혼이 충만한 삶을 살고 싶다면 사랑을 하며 살아야 하는데, 가난하면 사랑을 제대로 표현하기 어렵다. 사람은 사랑하는 이에게 베풀 때 최고의 행복을 느낀다. 뭔가를 주는 행위는 가장 자연스럽고 무의식적인 사랑의 표현이다. 줄 것이 없는 사람은 배우자나 부모로서, 사회인이자 한 인간으로서 자기 역할을 다할 수 없다.

신체적으로 만족스럽고, 마음을 풍요롭게 발전시키며, 충만하게 영혼을 가꾸려면 물질적 자원이 있어야 한다. 그러니 우리에게 가장 중요한 일은 부자가 되는 것이다.

부자가 되고 싶다고 간절히 바라는 마음은 전적으로 옳다. 남녀를 불문하고 정상적인 사람이라면 누구나 부자가 되기를 원한다. 부자가 되는 법에 온 관심을 쏟는 것은 너무나 당연하다. 부자가 되는 과학적 방법을 배우는 것은 가장 필요한 공부이기 때문이다. 이 공부를 게을리한다면 나 자신은 물론, 신과 인류에 대한 직무 유기다. 자신의

삶을 가능한 한 충만하게 사는 것이야말로 신과

인류에게 최대한 봉사하는 길이기 때문이다.

2장. 부자가 되는 과학적 방법

부자가 되는 과학적 방법은 존재한다. 이 과학
은 대수학이나 산수처럼 정확하다. 부를 얻는 과
정을 지배하는 특정한 법칙이 있으며, 그 방법을
배우고 따르면 누구든지 수학적 계산의 결과처럼
정확하게 부자가 된다.

돈과 재산은 특정한 방식으로 일해야만 생긴
다. 알고 했든 모르고 했든 그 특정한 방식을 따
른 사람은 부자가 될 것이다. 하지만 아무리 열심

히 일하고 능력이 있어도 그 방식을 따르지 않으면 가난에서 벗어나지 못한다.

이것은 원인이 같으면 늘 같은 결과가 나오는 하나의 자연법칙과 같다. 이 특정한 방식으로 일하는 법을 배운 사람은 틀림없이 부자가 된다.

이 말이 진실하다는 것은 다음의 사실로 증명된다.

부자가 되는 것은 환경의 문제가 아니다. 환경 때문에 부자가 된다면 어떤 특정 지역에 사는 사람들은 모두 부자가 되어야 한다. 어떤 도시 사람들은 모두 부자지만, 다른 지역에 사는 사람은 모두 가난해야 할 것이다. 또는 어떤 나라의 국민은 모두 부를 누리고, 인접한 다른 나라의 국민은 가난에 허덕여야 할 것이다.

그러나 부자와 가난한 사람이 같은 환경에서

나란히 사는 것은 어디서나 볼 수 있다. 같은 직업에 종사하는 경우도 많다. 같은 지역에 살면서 같은 일에 종사하는데, 한 사람은 부자가 되고 다른 한 사람은 여전히 가난하다면 부자가 되는 데 환경이 주된 요인은 아닌 것이다. 어떤 환경이 다른 환경보다 더 유리할 수 있지만 같은 일을 하는 사람이 같은 지역에 살고 있는데 한 사람은 부자가 되고 다른 한 사람은 가난하다면 부자가 되는 것은 어떤 특정한 방식으로 행동한 결과임을 알 수 있다.

더군다나 재능이 있다고 해서 이 특정한 방식으로 일할 수 있는 것도 아니다. 뛰어난 재능에도 가난하게 사는 사람이 있고, 별 재능이 없는데도 부자인 사람이 있기 때문이다.

부자가 된 사람들을 연구해보면 모든 면에서

평범한 사람들과 크게 다르지 않다는 것을 알 수 있다. 남들보다 특별히 뛰어난 재능이나 능력을 갖춘 사람들이 아니다. 다른 사람에게 없는 재능과 능력이 있어서가 아니라, 우연히 부자가 되는 특정 방식으로 일했기 때문에 부자가 된 것이다.

부자가 되는 것은 저축이나 절약의 결과 역시 아니다. 극도로 절약하면서 검소하게 사는 사람도 가난한 경우가 많으며 돈을 마음껏 쓰는데도 부자인 사람도 많기 때문이다. 다른 사람이 하지 못하는 일을 한다고 해서 부자가 되는 것도 아니다. 같은 분야에 종사하는 두 사람이 거의 똑같은 일을 해도 한 사람은 부자가 되고 다른 사람은 가난에서 벗어나지 못하거나 파산하는 경우가 있기 때문이다.

부자가 되는 것이 특정 방식을 따른 결과이고,

같은 원인은 항상 같은 결과를 끌어낸다면 그 특정한 방식에 따라 일하는 사람은 누구나 부자가 될 수 있다. 따라서 부자가 되는 것은 정확한 과학의 영역에 속한다.

이쯤에서 혹시 이 특정한 방식이 너무 어려워 극소수만 따라 할 수 있는 게 아닌가 하는 의문이 들 수 있다. 그러나 앞서 보았듯이 이것은 타고난 능력과는 상관이 없다. 재능이 있는 사람도 부자가 되지만 멍청한 사람도 부자가 된다. 지식이 많고 똑똑한 사람도 부자가 되지만 어리석은 사람도 부자가 된다. 강한 체력을 가진 사람도 부자가 되지만 병약한 사람도 부자가 된다.

물론 어느 정도의 사고력과 이해력은 필요하지만 타고난 재능이 없어도 이 책을 읽고 이해할 정도의 능력만 있다면 누구라도 확실히 부자가 될 수 있다.

앞서 부자가 되는 것은 환경 문제가 아니라고 했다. 물론 지리적 위치는 중요하다. 사하라 사막 한가운데서 사업 성공을 기대하기는 어렵다. 부자가 되려면 사람을 잘 상대해야 하며, 그러려면 사람들이 있는 곳에서 살아야 하기 때문이다. 당연히 당신이 원하는 방식대로 사람들이 거래하기를 좋아하는 곳이라면 훨씬 유리하겠지만, 환경이 미치는 영향은 거기까지다.

당신이 사는 지역에서 누군가가 부자가 되었다면 당신도 부자가 될 수 있다. 당신과 같은 도시에 사는 누군가가 부자가 될 수 있다면 당신 역시 부자가 될 수 있다.

다시 말하지만 부자가 되는 것은 특정 사업이나 직업 선택과는 관계가 없다. 어떤 업종, 어떤 직업이든 부자가 될 수 있다. 하지만 똑같은 일을 하는데도 이웃집은 가난에서 헤어나지 못할 수도 있다.

좋아하고 적성에 잘 맞는 일을 하면 좋은 성과를 낼 것이다. 그리고 잘 갈고닦은 재능이 있다면 그 재능을 발휘할 수 있는 직종에서 최고의 성과를 낼 것이다.

또한 지역 특성에 맞게 사업을 하면 최고의 성과를 낼 수 있을 것이다. 아이스크림 가게는 그린란드보다는 날씨가 따뜻한 지역에서 장사가 더 잘될 것이고, 연어 잡이라면 연어가 잘 안 잡히는 플로리다보다 노스웨스트에서 더 잘될 것이다.

하지만 이런 일반적인 제약을 제외하면 부자가 되는 것은 어떤 업에 종사하느냐의 문제가 아니라 어떤 특정한 방식으로 일하는 법을 배웠느냐 아니냐에 달려 있다. 나와 같은 지역에서 같은 일을 하는 어떤 사람은 돈을 많이 버는데, 나는 죽을 쑤고 있다면 그 사람과 같은 방식으로 일하지 않고 있다는 방증이다.

자본이 없어서 부자가 되지 못하는 게 아니다. 물론 자본이 많다면 더 쉽고 빠르게 돈을 불릴 수 있겠지만 자본이 많은 사람은 이미 부자라서 어떻게 해야 부자가 될지 고민할 필요가 없다. 아무리 가난해도 특정 방식으로 일하기 시작하면 당신도 부자가 되고 자본을 획득하기 시작할 것이다.

자본 축적은 부자가 되는 과정일 뿐이다. 특정한 방식으로 일할 때 반드시 따라오는 결과 가운데 하나이다.

세상에서 가장 가난한 사람이어도 좋고 엄청난 빚에 허덕이는 사람이어도 좋다. 도와줄 친구도,

영향력도, 수단이 없어도 괜찮다. 특정한 방식으로 일하기 시작한다면 틀림없이 부자가 될 수 있다. 같은 원인은 같은 결과를 낳기 때문이다. 자본이 없다면 자본을 얻게 되고, 맞지 않는 일을 하고 있다면 잘 맞는 일을 하게 될 것이다. 입지가 안 좋은 지역에 살고 있다면 좋은 곳으로 옮기게 될 것이다. 지금 하는 일을, 지금 있는 곳에서 성공을 부르는 특정 방식을 따라 해라. 그러면 당신도 그렇게 될 수 있다.

3장. 부의 공급은 부족하지 않다

기회가 없어서 가난한 사람은 없다. 즉, 다른 사람들이 부를 독점하고 아무도 들어오지 못하게 울타리로 막아 부자가 되지 못한 게 아니라는 말이다. 특정 분야의 일에 참여하지 못할 수는 있지만, 언제나 다른 길은 열려 있기 마련이다.

철도 산업처럼 거대한 분야에 뛰어들기는 어려울 것이다. 그 분야는 이미 상당 부분 독점 체제가 갖춰졌기 때문이다. 그러나 아직 초기 단계의 다양한 사업 분야에는 기회가 널려 있다. 몇 년만 지나면 항공 교통과 항공 운송도 거대 산업으로 성장할 것이고 이와 관련한 다양한 분야에서 수십만, 어쩌면 수백만 명의 일자리가 생겨날 것이다. 철도 재벌 제임스 제롬 힐이나 다른 철도 분야 거물들과 경쟁하는 대신 항공 운송 분야로 관심을 돌려보는 것은 어떨까?

철강 회사에서 일하는 노동자가 자신이 일하는 공장의 주인이 될 가능성은 거의 없다. 하지만 특정한 방식으로 행동하기 시작하면 곧 철강 회사를 떠나 몇만 평 규모의 농장을 사서 식료품 생산자로 사업을 시작할 수 있다. 요즘은 작은 땅을 구해 집중적으로 경작하는 사람에게 좋은 기회가 있다. 그런 사람들은 분명 부자가 될 것이다. 땅을 갖는 것이 어렵다고 할 수 있지만 불가능한 것은 아니다. 특정한 방법으로 일한다면 반드시 농장을 얻을 수 있다.

시기에 따라 기회의 물결은 이리저리 흐른다. 사회 전체의 필요와 사회적 진화의 특정 단계에 따라 달라진다. 현재(1910년대) 미국에서는 농업 및 농업 관련 산업이나 직종으로 기회의 물결이 흐르고 있다.

오늘날 기회는 공장의 생산설비 앞에 서 있는 노동자보다 농부에게 더 많이 열려 있다. 공장 노동자를 상대로 하는 사업가보다 농부를 상대로 하는 사업가에게 더 많은 기회가 열려 있으며, 노동자 계급에 서비스를 제공하는 전문가보다 농부에게 서비스를 제공하는 전문직 종사자에게 더 많은 기회가 열려 있다.

이런 거대한 흐름을 거스르지 않고 따라가는

사람이 기회를 포착한다. 그러니 공장 노동자라 해도 개인으로든 노동계급 집단으로든 기회가 박탈된 상태에 있는 것이 아니다. 공장주에게 '억압' 받는 것도 기업에 '착취' 당하는 것도 아니다. 노동자 계급 전체가 그 상태에 머무는 이유는 특정한 방식으로 일하지 않기 때문이다. 노동자들이 특정한 방식으로 일하기를 선택한다면 벨기에나 다른 나라의 노동자들이 한 것처럼 거대한 백화점과 협동조합 산업을 세울 수 있다. 노동자 출신의 관료를 뽑을 수도 있으며 협동조합 산업 발전에 유리한 법을 통과시킬 수도 있다. 몇 년 후에는 투쟁 없이 그 산업 분야를 장악할 수도 있다.

특정한 방식으로 일하기만 하면 노동자 계급도 지배 계급이 될 수 있다. 부의 법칙은 누구에게나 똑같이 적용된다. 노동자 계급이 깨달아야 할 한

가지는 지금까지 해오던 방식을 고수하는 한 현재 상태에서 결코 벗어날 수 없다는 것이다. 대다수 노동자 계급이 무지하고 나태한 성향을 보일 수는 있지만, 모든 노동자가 다 그런 것은 아니다. 노동자 개개인은 기회의 흐름을 타서 부자가 될 수 있다. 이 책이 그 방법을 알려줄 것이다.

부의 공급이 부족해서 가난한 것이 아니다. 모든 사람이 부자가 되고도 남을 만큼 부는 충분하다.

미국에서 생산되는 건축 자재만 가지고도 전 세계에 있는 모든 가정에 워싱턴 국회의사당만큼 큰 저택을 지어줄 수 있다. 미국 땅을 집중적으로 경작한다면 솔로몬이 전성기 시절 입었던 옷보다 더 좋은 소재의 양모, 면, 리넨, 비단을 전 세계 모든 사람에게 입힐 수 있을 만큼 생산할 수 있으며, 모든 사람을 최고급으로 먹일 수 있을 만큼 많은 음식도 공급할 수 있다.

눈에 보이는 자원도 매우 많지만, 눈에 보이지 않는 자원까지 생각하면 사실상 부의 고갈은 불가능하다.

지구상에 존재하는 모든 것은 하나의 근원 물질에서 만들어지며, 그 물질에서 모든 것이 나온다. 새로운 것이 계속해서 생겨나고 낡은 것은 사라지지만, 그 모든 것이 하나의 근원 물질에서 나온다.

무형 물질 또는 근원 물질은 계속해서 공급된다. 우주는 이 근원 물질로 이루어져 있지만, 우주를 만드는 데 그 근원 물질을 모두 사용한 것은 아니다. 눈에 보이는 우주 내부와 그 사이의 공간들은 형태가 없는 근원 물질, 만물의 원료로 가득차 있다. 여태껏 만들어진 것보다 만 배나 많은 양이 만들어진다고 해도 우주의 원료인 이 근원 물질이 고갈되는 일은 없다.

그러므로 자연이 고갈되거나 모두에게 돌아갈 만큼 충분치 않아서 사람들이 가난한 것이 아니다.

자연은 고갈되지 않는 부의 창고이기 때문에 부의 공급은 절대 부족하지 않다. 근원 물질은 창조적 에너지로 가득 차 있고 끊임없이 더 많은 것을 만들어낸다. 건축 자재가 모두 고갈되는 시기가 오면 더 많은 자재가 만들어질 것이다. 토양이 황폐해져서 음식과 옷감으로 사용할 재료를 기를 수 없다면 토양이 재생되거나 더 많은 토양이 생길 것이다.

땅에서 금과 은을 모두 캐냈는데 우리 사회에 여전히 금과 은이 필요하다면 무형의 물질로부터 더 많은 금과 은이 다시 생겨날 것이다. 무형의 원료는 인간의 필요에 부응하기 때문에 우리가 부족하게 살도록 내버려 두지 않는다.

이것은 인류 전체로 봐도 사실이다. 인류 전체로 보면 인류는 늘 풍족했다. 개개인이 가난하다면 그건 그들이 부자가 되는 특정 방법을 따르지 않았기 때문이다.

무형의 물질은 지적이며 생각하는 존재이다. 살아 있으며 언제나 생명을 확장하는 방향으로 나아간다.

더 풍요로운 삶을 추구하는 것은 자연스럽고 고유한 본능이다. 자신을 확장하는 것은 지성의 본질이며 그 경계를 넓히고 완전한 표현을 찾는 것은 의식의 본질이다. 유형의 우주는 무형의 살아 있는 근원 물질에 의해 만들어졌고, 근원 물질은 자신을 더 완전하게 표현하기 위해 유형의 형상을 취했다. 우주는 언제나 생명이 충만하고 더 완전하게 기능하는 방향으로 움직이는 거대한 살아 있는 존재다.

생명의 발전을 위해 자연은 만들어졌기 때문에 자연의 가장 중요한 동기는 생명의 증가다. 이런 이유로 생명에 도움이 되는 모든 것을 풍족하게 제공한다. 신이 자신을 부정하고 자신이 한 일을 무력화하지 않는 한, 부족함이란 있을 수 없다.

부의 공급이 부족해서 가난한 것이 절대 아니다. 특정한 방식으로 행동하고 생각하는 사람은 무형의 근원 물질조차도 통제할 수 있다. 이 사실을 지금부터 조금 더 확실하게 증명하겠다.

4장. 부자가 되는 제1원칙

'생각'은 무형의 실체로부터 유형의 부를 창출하는 유일한 힘이다. 만물을 만드는 근원 물질은 생각하는 존재이며, 이 물질이 생각하는 대로 형상은 만들어진다.

근원 물질은 자기 생각에 따라 움직인다. 자연에서 보이는 모든 형상과 과정은 근원 물질의 생각이 구체적으로 표현된 것이다. 무형의 물질이 어떤 형상을 생각하면 그 형상이 만들어지고, 어떤 움직임을 생각하면 그 움직임이 생겨난다. 이것이 만물의 창조 원리이다.

우리는 근원 물질이 생각으로 만들어낸 세계에 살고 있다. 그 세계는 사고하는 우주의 일부다. 근원 물질이 움직이는 우주에 관한 생각을 떠올리자 그 생각에 따라 행성계가 만들어졌고, 이후로도 그 형상을 유지하고 있다.

생각하는 물질이 원운동을 하는 태양계와 행성을 생각하자 그대로 형상을 갖추었고 근원 물질이 생각하는 대로 움직이게 되었다. 근원 물질이 느리게 자라는 떡갈나무의 모습을 생각하면 수백 년이 걸릴지라도 그 생각에 따라 떡갈나무가 자란다. 무언가를 만들 때 무형 물질은 스스로 설정한 운동 과정에 따라 움직이는 것으로 보인다. 떡갈나무를 생각한다고 해서 곧바로 다 자란 떡갈나무가 갑자기 생겨나는 것은 아니지만, 이미 확립된 성장 과정을 따라 나무를 생산할 힘들이 움직이기 시작한다.

생각하는 근원 물질에 어떤 생각이 각인되면 그 형상의 실제적인 창조로 이어진다. 그 형상은 일반적으로 이미 확립된 성장 과정이나 행동 방침을 따라간다.

우리가 어떤 구조의 집을 생각한다고 가정해보자. 그 생각이 무형 물질에 새겨진다고 해서 집이 즉각적으로 만들어지지는 않는다. 그러나 근원 물질은 이미 작용하는 창조 에너지를 특정한 경로로 움직여 생각했던 구조의 집을 신속하게 만들어낼 것이다. 창조 에너지가 작용할 수 있는 기존 통로가 없다면 유기물이나 무기물이 형성되는 느린 과정을 거치지 않고 근원 물질에서 바로 집

이 만들어질 것이다

형상에 관한 생각을 근원 물질에 각인해야만 그대로 그 형상이 만들어진다.

인간은 생각하는 존재이며 생각을 일으킬 수 있다. 인간이 손으로 만들어내는 모든 형상은 그 어떤 것이든 처음엔 생각 속에 존재하는 것이다. 한 번도 생각해보지 않았다면 그 형상을 만들어 낼 수 없다.

지금까지 사람들은 손을 이용해서 하는 일에만 노력을 쏟았다. 이미 존재하는 것을 바꾸거나 수정하려고 노력하면서 형태의 세계에서만 육체적인 노동을 해왔다. 무형 물질에 자기 생각을 새겨서 새로운 형태를 만들려는 시도는 결코 해본 적이 없다.

사람이 어떤 형상에 관한 생각을 품으면 자연

으로부터 물질을 취해 실제로 만들어낸다. 하지만 지금까지 인간은 무형의 지성과 협력하려는, 즉 '신과 함께' 일하려는 노력은 거의 또는 전혀 해본 적이 없다. 인간이 '신이 하는 일을' 할 수 있으리라고는 꿈도 꾸지 않았다. 사람들은 육체노동을 통해 기존의 형상을 바꾸고 수정할 뿐, 자기 생각을 근원 물질에 전달함으로써 사물을 만들어내는 것에는 전혀 관심을 기울이지 않았던 것이다. 나는 인간이 무형의 물질과 교감하여 무언가를 창조할 수 있으며, 누구든지 그렇게 할 수 있다는 사실을 증명하고 그 방법도 보여주고자 한다. 먼저 세 가지 기본 명제를 제시하겠다.

나는 만물을 창조하는 무형의 근원 물질 또는 실체가 있다고 단언한다. 눈에 보이는 수많은 요소는 그 근원 물질의 또 다른 모습일 뿐이다. 생물계와 무생물계에 존재하는 모든 것은 형태만 다를 뿐 모두 같은 물질로 만들어졌다. 그 물질은 사고하는 존재로 그 물질이 생각하는 대로 형상이 만들어진다. 근원 물질에 깃든 생각은 형상이 된다. 인간은 독창적 생각을 할 수 있는 사고의 중심이다. 사람이 자기 생각을 사고하는 근원 물질에 전달할 수 있다면 자신이 생각하는 것을 창조하거나 형상화할 수 있다. 요약하면 이렇다.

하나, 모든 것의 근원이 되는 생각하는 물질이 있다. 이 물질은 원래의 상태로 우주 공간 사이로 스며들고 침투하며 우주를 가득 채우고 있다.

둘, 이 무형 물질에 생각이 깃들면 자신이 생각한 이미지를 형상으로 만들 수 있다.

셋, 인간은 형상을 생각할 수 있다. 무형 물질

에 그 생각을 각인하면 자신이 생각하는 사물을
창조할 수 있다.

　이 주장을 증명할 수 있냐고 묻는다면 세세하
게 설명할 필요도 없이 '그렇다'고 자신 있게 답할
수 있다. 논리적으로도 경험적으로도 가능하다는
것이 나의 대답이다.

　형상과 생각이라는 현상을 거꾸로 따져보면 자
연스럽게 하나의 생각하는 근원 물질이라는 결론
에 도달한다. 그리고 이 생각하는 실체로부터 추
론해보면 생각한 바를 만들어내는 인간의 힘에
이르게 된다. 그리고 실험을 통해 나는 이 추론이
사실임을 알게 되었다. 이것이 가장 강력한 증거
이다.

　이 책을 읽은 누군가가 여기서 말하는 대로 따

라 해서 부자가 된다면 이는 내 주장이 사실임을 뒷받침하는 증거다. 그리고 이 책에 나온 대로 실천한 모든 사람이 부자가 된다면 실패하는 사람이 나올 때까지 내 주장은 확실한 진실이 된다. 이 과정은 실패하지 않을 것이다. 이 책에서 말하는 대로 실천하는 모든 사람이 부자가 될 것이기 때문이다.

단언컨대 특정한 방식으로 일하면 부자가 된다. 그러기 위해서는 먼저 특정한 방식으로 생각할 수 있어야 한다. 사람이 일하는 방식은 그 사람이 생각하는 방식과 직결되기 때문이다.

자신이 원하는 방식대로 일하고 싶다면 원하는 방식으로 생각하는 능력을 키워야 한다. 이것이 부자가 되는 첫걸음이다.

원하는 대로 생각하는 것은 겉모습과는 상관없

이 진실을 생각하는 것을 뜻한다.

사람은 누구나 자신이 원하는 대로 생각하는 능력, 즉 진실을 생각하는 능력을 타고난다. 하지만 겉으로 보이는 대로 생각하는 것보다 진실을 생각하는 것은 더 큰 노력이 필요하다. 우리는 눈에 보이는 대로 생각하기 쉽다. 겉으로 보이는 것에 현혹되지 않고 진실을 생각하는 것은 무척 힘든 일이다. 그 어떤 일보다도 에너지 소모가 많다.

꾸준하고 일관성 있게 생각하고 실천하는 것은 대부분의 사람들이 싫어하는 일이다. 이는 세상에서 가장 힘든 일이기 때문이다. 진실이 겉으로 보이는 모습과 정반대일 때는 특히 더 그렇다. 사람들은 세상 모든 것을 겉모습으로 판단하려는 경향이 있는데, 진실을 꿰뚫고 있어야만 이를 막을 수 있다.

실제로는 아프지 않은데도 겉보기에 병들어 보인다고 해서 진실을 알아차리지 못하고 계속 자신이 병들었다고 생각하면 결국 몸에 병이 날 것이다.

가난은 없고 풍요로움만 있다는 진실을 깨닫지 못한 채 가난하다고만 여긴다면 마음은 가난으로 가득 채워질 것이다.

질병에 둘러싸여 있어도 건강을 생각하고, 가난한 가운데서도 부를 생각하려면 힘이 필요하다. 이 힘을 얻은 사람은 마음을 다스릴 수 있다. 그 사람은 운명을 정복할 수 있고, 원하는 것을 가질 수 있다.

이 힘은 모든 겉모습 뒤에 숨겨진 근본적인 진실을 이해해야만 얻을 수 있다. 그 진실이란 바로 '생각하는 근원 물질이 있으며, 이 세상 모든 것이

이 근원 물질에서 생겨났다'는 사실이다.

다음으로 이 근원 물질에 깃든 모든 생각은 형상이 되며 인간이 자기 생각을 그 물질에 각인시켜 눈에 보이는 구체적인 형상으로 만들 수 있다는 진리를 이해해야 한다. 이 사실을 깨달으면 만들고 싶은 것을 창조할 수 있고, 갖고 싶은 것을 가질 수 있으며, 되고 싶은 존재가 될 수 있다. 이와 같은 사실을 받아들이고 나면 모든 의심과 두려움이 사라진다. 부자가 되기 위한 첫 번째 단계로 앞서 언급한 세 가지 기본 원칙을 의심 없이 믿어야 한다. 이 원칙은 아무리 강조해도 지나치지 않기에 한 번 더 반복하겠다.

하나, 만물의 근원이 되는 생각하는 물질이 있다. 이 물질은 우주 공간 사이로 스며들고, 침투하며, 우주를 가득 채우고 있다.

둘, 이 물질에 생각이 깃들면 그 생각은 자신이 생각한 이미지를 형상으로 만든다.

셋, 사람은 형상을 생각할 수 있다. 무형 물질에 이 생각을 각인하면 자신이 생각했던 사물을 만들어낼 수 있다.

위에서 말한 일원론적 우주론 외의 다른 모든 개념은 제쳐두고, 이 개념이 우리 마음속에 확실하게 자리를 잡아 습관이 될 때까지 계속해서 생각하라. 이 개념을 반복해서 읽어라. 단어 하나하나를 마음에 새기고 완전히 믿음이 생길 때까지 깊이 생각하라. 의심이 고개를 들지 못하게 생겨나는 즉시 떨쳐버려라. 이 개념에 반대하는 주장에는 귀를 닫아라. 반대되는 개념을 가르치고 설교하는 교회나 강연에는 가지 마라. 다른 생각을 가르치는 잡지나 책을 읽지 마라. 이 믿음이 뒤죽 박죽이 되면 지금까지의 모든 노력이 헛수고가 된다. 이 개념이 진짜 사실인지 의문을 품지 말고 어떻게 진실일 수 있는지 추측하지 마라. 그저 믿고 받아들여라. 부자가 되는 과학적 방법은 이 진실을 절대적으로 받아들이는 데서 시작된다.

5장. 세상 모든 것이 당신 편이다

가난이 신의 뜻이라거나 가난해야 신을 제대로 섬길 수 있다는 낡은 생각은 깨끗이 버려야 한다.

모든 만물 안에 존재하며, 우리 안에도 있는 지적 존재는 살아 있는 물질이다. 의식이 있는 살아 있는 존재여서 다른 모든 생명체처럼 풍족한 삶을 살고자 하는 본능적인 욕구가 있다. 모든 생명체는 끊임없이 자신의 삶을 확장할 방법을 찾는다. 생명은 살아가는 그 과정 자체만으로도 성장하고 확장하기 때문이다.

땅에 떨어진 씨앗을 떠올려보라. 씨앗은 싹을 틔우고 자라기 시작하면 수백 개의 씨앗을 더 만들어낸다. 생명은 살아가는 과정을 통해 스스로 수를 늘려가며 끊임없이 증식한다. 어쨌든 계속 살아가려면 그렇게 할 수밖에 없다.

우리의 지성도 생명과 마찬가지로 계속해서 성장한다. 우리가 하는 생각은 계속해서 다른 생각으로 이어지며 의식은 끊임없이 확장된다. 새로운 사실을 배우면 이를 계기로 또 다른 사실을 배우게 되며, 이렇게 지식도 계속해서 증가한다. 어떤 재능을 기르게 되면 또 다른 재능을 더 키우고 싶은 열망이 솟아난다. 자신을 표현하려는 생명의 본능적 충동에 따라 더 많이 알고 싶고, 더 많은 것을 하고 싶고, 더 나은 존재가 되기를 바라기 마련이다.

더 많이 알고, 더 많이 움직이고, 더 나은 존재가 되기 위해 일단 우리는 더 많은 것을 가져야 한다. 활용할 수 있는 자원이 많아야 하기 때문이다. 물질을 활용해야만 배우고, 행동하고, 더 나은 존재가 될 수 있으므로 더 나은 삶을 살기 위해서는 부자가 되어야 한다.

부자가 되고 싶다는 욕망은 간단히 말해 더 풍족한 삶을 추구하는 능력이다. 욕망은 아직 드러내지 못한 가능성을 실행하려는 노력이다. 자신을 드러내려는 힘이 욕망을 불러일으킨다. 더 많은 돈을 갖고 싶은 마음은 식물을 자라게 하는 원동력과 마찬가지로 좀 더 풍족하게 살고자 하는 생명의 욕망이다.

살아 있는 근원 물질 역시 모든 생명이 지닌 이

고유의 법칙을 따른다. 더 나은 존재가 되려는 욕망으로 가득 차 있으며 그런 이유로 다른 자원들을 창조할 필요성을 느낀다.

당신 안에는 성장을 원하는 물질이 있다. 그래서 활용할 수 있는 모든 자원을 가지기를 원한다. 신도 당신이 부자가 되기를 간절히 바란다. 활용할 수 있는 자원이 많아야 당신이라는 존재를 통해 신을 더 잘 표현할 수 있으므로 신은 당신이 부를 누리기를 원한다. 삶의 수단을 무제한으로 능숙하게 다룰 수 있다면, 신은 당신 안에서 더 풍족한 삶을 누릴 수 있다.

우주는 당신이 원하는 모든 것을 소유하기를 바란다.

자연은 당신의 계획이 이뤄지기를 바란다.

세상 모든 것이 당신 편이다.

이것이 진실임을 믿어라.

그러나 꼭 잊지 말아야 할 중요한 명제가 있다. 당신의 목적이 만물 안에 깃든 목적과 반드시 조화를 이루어야 한다는 사실이다.

단순히 관능적 만족이나 쾌락이 아닌 진정한 삶을 추구해야 한다. 인생이란 진정한 삶을 향해 수행하는 과정이다. 육체적·정신적·영적 기능을 과하지 않게 균형을 잘 맞춰 가능한 한 모두 실행할 때라야 비로소 진정한 삶을 살 수 있다.

배부른 돼지처럼 동물적 욕구를 충족하려고 부자가 되려는 것은 아니리라. 그렇게 사는 건 진정한 삶이 아니다. 하지만 육체적 기능을 수행하는 것 또한 삶의 한 부분이므로 필요하다. 신체가 필요로 하는 바를 정상적이고 건강하게 표출하지 못하면 온전한 삶을 살 수 없다.

단지 정신적 쾌락을 즐기고, 지식을 얻고, 야망을 충족시키기 위해, 그리고 다른 사람을 능가하고 유명해지기 위해 부자가 되려고 하지 마라. 이 또한 엄연히 삶의 일부이긴 하지만 지적 쾌락만을 좇으며 사는 사람은 부분적인 삶을 살 뿐 결코 자신의 운명에 만족하지 못한다. 다른 사람들의 이익을 위해서 또는 자신을 희생하여 인류를 구하기 위해서, 박애와 희생의 기쁨을 경험하기 위해서 부자가 되길 원하는 것도 바람직하지 않다. 영혼의 기쁨은 삶의 일부일 뿐, 삶의 다른 부분보다 더 낫거나 고귀한 것은 아니기 때문이다.

우리는 먹고, 마시고, 즐기기 위해 부자가 되길 원한다. 아름다운 것들로 주변을 가득 채우고, 먼 곳으로 여행도 가고, 마음을 살찌우고, 지성을 기르고, 인간을 사랑하고, 친절을 베풀며 세상이 진리를 찾도록 돕는 일에 선한 영향력을 미치기 위해 부자가 되고 싶어 한다. 하지만 극단적 이타주의는 극단적 이기주의보다 더 좋지도 고귀하지도 않다는 사실을 기억하라. 둘 다 바람직하지 않다.

신은 당신이 다른 사람을 위해 희생하기를 원한다고 생각하는가? 결코 그렇지 않다. 그렇게 함으로써 신의 은총을 얻을 수 있다는 생각도 버려라. 그런 일은 신이 원하는 바가 아니다.

신은 당신이 스스로와 다른 사람을 위해 자신을 최대한 활용하기를 바란다. 자신을 최대한 활용하는 것이야말로 다른 어떤 방법보다 남을 많이 도울 수 있기 때문이다. 자신을 최대한 활용하려면 무엇보다 충분한 부를 소유해야 한다. 그러므로 부를 획득하는 일을 최우선으로 여기고 최선을 다하는 것은 옳으며 칭찬받아 마땅하다.

근원 물질의 욕망은 모두를 위한 것이며, 모두의 삶이 더 나아지는 방향으로만 움직인다는 사실을 기억하라. 근원 물질은 모든 존재 안에 똑같이 깃들어 풍요와 생명을 추구하므로 그 어떤 이유에서든 삶이 안 좋아지는 방향으로는 움직일 수 없다.

생각하는 물질은 당신을 위한 자원을 만들 것이다. 그렇다고 다른 사람이 가진 것을 빼앗아서 당신에게 주는 것이 아니니 경쟁하려는 생각은 버려라. 이미 만들어진 것을 두고 경쟁하는 것이 아니라 새롭게 창조해야 한다.

당신은 누군가로부터 아무것도 빼앗을 필요가 없다.

지나치게 흥정할 필요도 없다.

남을 속이거나 이용하려 할 필요도 없다.

당신을 위해 일하는 사람에게 원래 받아야 할

몫보다 적게 줘서도 안 된다. 다른 사람의 재산을 탐내거나 눈독 들일 필요도 없다. 남이 가진 것을 빼앗지 않아도 당신은 그것을 가질 수 있다. 경쟁자가 아닌 창조자가 돼라. 당신이 원하는 것을 얻으면 다른 사람들도 지금보다 더 많이 가지게 될 것이다.

내가 말한 것과 정반대 방법으로 엄청난 부를 쌓은 사람들이 있다는 사실을 알고 있다. 설명을 조금 덧붙이면 이렇다. 순전히 치열한 경쟁에서 특출한 능력을 발휘해 엄청난 부자가 된 사람들이 있다. 이들은 자신도 모르는 사이 산업 성장을 통한 인류의 전반적 발전이라는 근원 물질의 위대한 목적과 같은 방향성으로 연결됐다.

석유 재벌 록펠러, 강철왕 카네기, 금융 재벌 J.P. 모건 같은 사람들은 자신도 모르는 사이 신의 대리인이 되어 생산 산업을 체계화하고 정비했으며, 모든 사람의 삶의 질을 향상하는 데 크게 공헌했다. 이제 그들의 시대는 거의 막바지에 달했다. 이들은 생산을 체계화했지만, 곧 유통을 체계화하게 될 수많은 다른 대리인에게 자리를 내주게 될 것이다.

이런 억만장자들은 선사시대의 거대한 파충류 같은 존재다. 진화 과정에서 필수 역할을 담당했지만, 그들을 만들어낸 그 힘 때문에 결국 사라지고 만다. 그들은 진정으로 부유한 적이 없다는 사실을 기억하라. 이 부류에 속한 사람들의 사생활을 속속들이 들여다보면 실제로는 비참하고 절망적으로 살았다는 것을 알 수 있다.

타인과의 경쟁을 통해 획득한 부는 결코 만족스럽지도 영원히 지속되지도 않는다. 오늘은 내 것이지만 내일은 다른 사람이 가져갈 수도 있다.

과학적이고 확실한 방법으로 부자가 되려면 경
쟁의식에서 완전히 벗어나야 한다. 부의 공급량
에 한계가 있다는 생각은 단 한순간도 하지 마라.
금융권 종사자를 비롯한 다른 사람들이 모든 돈
을 독점하고 통제하고 있다는 생각이 드는 순간,
또는 그런 독점을 중단시키기 위한 법안을 통과
시키기 위해 노력해야겠다는 생각을 하는 순간,
당신은 경쟁 심리에 빠지게 되고 창조를 일으키
는 능력은 일시에 사라지고 만다. 설상가상으로
당신이 이미 시작한 창조의 움직임마저 억제하는
결과를 가져온다.

이 지구상에는 아직 빛을 보지 못한 엄청난 양
의 금이 있다는 사실을 기억하라. 혹시 금이 없더
라도 생각하는 물질이 당신이 원하는 것을 채우

기 위해 더 많은 금을 만들어낼 것임을 알아야 한다. 당장 내일 새로운 금광을 찾기 위해 수천 명이 필요하다 해도 당신이 간절히 원한다면 필요한 돈이 반드시 생겨난다는 사실을 기억하라.

눈에 보이는 부의 양에 신경 쓰지 말고 늘 무형 물질이 만드는 무한한 부를 생각하라. 당신이 그것을 빨리 받아들여 사용할수록 그 부가 빠르게 당신에게 다가온다. 누군가가 눈에 보이는 부를 독점한다고 해도 아무도 당신에게 다가올 부를 막지 못한다.

집을 짓기 위해 내가 먼저 서두르지 않으면 누군가가 집 지을 좋은 땅을 차지해버릴지도 모른다는 생각은 단 한순간도 하지 마라. 신탁회사나 대재벌을 걱정하거나 그들이 모든 땅을 차지할 것이라고 두려워하지 마라. '다른 사람에게 뒤처

져' 당신이 원하는 것을 얻지 못할까 봐 전전긍긍
하지 마라. 그런 일은 일어나지 않는다. 남이 가
진 자원에서 가져오는 것이 아니라 무형의 근원
물질로부터 당신이 원하는 자원을 만들어내기 때
문에 부의 공급은 무한하다. 다음 명제를 절대 잊
지 마라.

하나, 만물의 근원이 되는 생각하는 물질이 있
다. 이 물질은 우주의 공간 사이에 스며들고, 침
투하며, 우주를 가득 채우고 있다.

둘, 이 무형 물질에 생각이 깃들면 자신이 생각
한 이미지를 형상으로 만든다.

셋, 사람은 형상을 생각할 수 있다. 무형의 근
원 물질에 그 생각을 각인하면 자신이 생각했던
사물을 만들어낼 수 있다.

6장. 부를 끌어당기는 법

　유리한 것을 얻기 위해 지나치게 흥정할 필요가 없다는 말은 당신이 전혀 흥정할 필요가 없다거나 거래를 아예 하지 말라는 의미가 아니다. 다른 사람들을 부당하게 다룰 필요가 없다는 뜻이다. 공짜로 무언가를 받으려고 애쓰지 않으며 모든 사람에게 받은 것 이상으로 돌려줘야 한다는 의미다.

　모든 사람에게 당신이 받은 것보다 더 많은 현

금 가치를 되돌려줄 수는 없지만, 상대로부터 받은 물건의 현금 가치보다 더 큰 이용 가치를 돌려줄 수는 있다. 이 책을 만드는 데 사용된 종이, 잉크와 여러 재료의 총비용은 당신이 낸 책값보다 현금 가치가 낮을 수 있다. 그러나 이 책에 담긴 아이디어 덕분에 수천 달러를 벌게 된다면 이 책을 판 사람은 당신에게 적은 돈을 받고 엄청난 이용 가치를 준 셈이다.

문명화된 사회에서 수천 달러의 금전적 가치가 있는 위대한 화가의 작품을 가지고 있다고 상상해보라. 내가 그 작품을 북극으로 가져가 뛰어난 '판매 수완'을 동원해 그곳에 있는 에스키모인에게 500달러 상당의 모피를 받고 판다면 그 사람에게 잘못을 저지른 것이다. 에스키모인에게 그 작품은 전혀 쓸모없기 때문이다.

하지만 내가 모피값으로 50달러 상당의 총을 주었다면 이것은 에스키모인에게 좋은 거래다. 그는 총을 다양하게 활용할 수 있다. 총이 있으면 에스키모인은 더 많은 모피와 음식을 구할 수 있을테니 모든 면에서 그의 삶을 풍족하게 하고 그를 부자로 만들어줄 것이다.

경쟁 단계를 벗어나 창조 단계로 올라서기 위해서는 타인과 거래하는 방식을 면밀히 검토해야 한다. 당신이 판매하는 상품 중 고객에게 그 가격을 넘어서는 이득을 주지 못하는 상품이 있다면 그런 거래는 성공할 수 없다. 누군가를 이겨야만 사업을 할 수 있는 게 아니다. 남을 물리쳐야만 하는 사업을 하고 있다면 지금 당장 그 사업에서 손을 떼라.

거래하는 모든 사람에게 당신이 받은 현금 가

치보다 더 큰 이용 가치를 제공하라. 그렇게 하면 당신이 하는 사업이 다른 사람들의 삶을 이롭게 만들 것이다.

당신이 직원을 둔 사업주라면 임금으로 나가는 돈보다 더 많은 현금 가치를 그들에게서 끌어내야 한다. 하지만 직원들이 회사의 성장에 맞춰 함께 발전할 수 있도록 도와야 한다. 이 책을 읽고 성장하는 데 도움을 얻듯이 직원들이 당신의 사업을 통해 성장하도록 만들어라. 당신의 사업을 일종의 사다리로 만들어라. 그 사다리를 오르는 고생을 감수하는 모든 직원이 스스로 부자가 될 수 있어야 한다. 기회가 주어졌는데도 사다리를 오르지 않는다면 그것은 당신 잘못이 아니다.

하나 더 덧붙이면, 우리 주위에 가득한 무형 물질이 부를 만들어낸다고 해서 갑자기 당신 눈앞에 부가 나타나는 것은 아니다. 예를 들어 책상이 갖고 싶다고 지금 앉아 있는 방이나 다른 곳에서 누가 만들지도 않은 책상이 불쑥 나타날 것을 기대하며, 생각하는 물질에 그 이미지를 각인시키라는 말이 아니다. 책상을 원한다면 마음속으로 그 이미지를 계속 그리면서 책상이 만들어지고 있거나 당신에게 오는 중이라고 확신하라. 일단 생각을 형성하면 절대 의심하지 말고 책상이 당신에게 오고 있다고 확실하게 믿어야 한다. 반드시 도착한다는 확신 외에는 생각하지도 말하지도 마라. 책상이 이미 당신 것이라고 여겨라.

인간의 마음에 작용하는 절대 지성의 힘이 당신에게 책상을 보내줄 것이다. 미국 메인주에 사는 당신에게 텍사스나 일본에 사는 누군가가 거래를 제안해서 당신이 원하는 것을 얻게 될 수도 있다. 그렇게 되면 이 모든 거래는 당신뿐 아니라 상대에게도 이득이 될 수 있다.

생각하는 근원 물질은 세상 만물에 깃들어 있어서 만물과 소통하며 영향을 미친다는 사실을 단 한순간도 잊지 마라. 더 충만하고 더 나은 삶을 살고자 하는 생각하는 근원 물질의 열망이 이미 존재하는 모든 책상을 만들어왔다. 사람들이 열망과 믿음을 가지고 특정한 방식으로 행동해서 근원 물질을 작동시킨다면 수백만 개의 책상이 더 생길 수도 있다.

당신은 확실히 책상을 가질 수 있다. 그리고 당신 자신과 다른 사람의 삶을 나아지게 만드는 것이라면 원하는 그 어떤 것도 가질 수 있다. 더 많은 것을 바란다고 주저할 필요도 없다.

근원 물질은 당신이 가능한 한 모든 것을 실현

하고 가장 풍요로운 삶을 영위하는 데 필요한 모든 것을 누리고 가지기를 원한다. 부를 소유하고 싶은 열망이 더욱 완전한 표현을 원하는 신의 열망과 하나라는 사실을 마음속에 새긴다면, 당신의 믿음은 흔들리지 않을 것이다.

언젠가 피아노 앞에 앉아 멋지게 연주하려고 애쓰는 소년을 본 적이 있다. 그 소년은 연주가 마음먹은 대로 잘되지 않자 몹시 슬퍼하고 속상해했다. 내가 아이에게 속상해하는 이유를 묻자 "마음속에서는 음악을 느낄 수 있는데 손가락이 그걸 제대로 못 따라가요"라고 대답했다. 소년이 마음속에서 느끼는 그 음악은 삶의 모든 가능성을 담고 있는 근원 물질의 욕망이다. 음악으로 이루어진 모든 것이 어린 소년을 통해 표현되려 하고 있었다.

신, 다시 말해 근원 물질은 인간을 통해 살고, 일하며, 누리려 한다. 신은 "나는 인간의 손을 빌려 장대한 건축물을 짓고, 거룩한 곡을 연주하고, 영광스러운 그림을 그리고자 한다. 인간의 다리를 빌려 내 심부름을 하게 하고, 인간의 눈으로 내 아름다움을 보게 하고, 인간의 혀로 위대한 진리를 말하고 아름다운 노래를 부르게 하고…"라고 말한다.

가능성이 있는 모든 것이 인간을 통해 표현할 길을 찾고 있다. 신은 곡을 연주할 수 있는 사람들이 피아노를 비롯한 다른 모든 악기를 가지고 자신의 재능을 최대한 키우기를 바라며, 아름다움을 음미할 줄 아는 사람이 주변을 온통 아름다운 것들로 채울 수 있기를 원한다. 진리를 분별할 수 있는 사람들이 여행을 다니며 관찰할 기회를 얻기를 원한다. 옷을 고를 줄 아는 이들이 아름다운 옷을 입고, 미식가들이 호사스러운 음식을 맛보기를 원한다.

신이 이 모든 것을 원하는 이유는 그것을 즐기고 감상하는 주체가 바로 신 자신이기 때문이다. 연주하고, 노래하고, 아름다움을 즐기고, 진리를 선포하며, 멋진 옷을 입고, 좋은 음식을 먹기를 원하는 분이 바로 신이다.

부자가 되고자 하는 열망은 무한하며, 신이 피아노 앞에 앉아 있던 어린 소년을 통해 자신을 표현하려고 했던 것처럼 신이 당신 안에서 자신을 표현하려는 것이다. 그러니 주저하지 말고 많은 것을 요청해도 된다.

대부분 사람이 이 점을 어렵게 여긴다. 사람들은 가난과 자기희생이 신을 기쁘게 한다는 낡은

생각에 붙들려 있다. 가난을 자연의 필수 요소이
자 신의 계획이라고 여긴다. 그들은 신이 만들 수
있는 모든 것을 이미 다 만들어 자기 일을 끝냈기
때문에 부의 공급이 충분하지 않다고 생각한다.
그래서 대다수 사람은 가난하게 살아야 한다는
생각을 지니고 있다. 이러한 잘못된 생각에 지나
치게 사로잡힌 나머지 부자가 되고 싶은 욕망을
부끄럽게 여긴다. 적당히 편안하게 사는 것 이상
으로 많은 것을 바라지 않으려고 노력한다.

내가 만난 한 학생의 이야기다. 나는 그에게 원
하는 것이 무엇이든 마음속에 선명하게 그림으로
그려보라고 했다. 명확히 그려 무형의 근원 물질
에 생각이 각인되고 창조로 이어지도록 말이다.
그 학생은 매우 가난해서 월셋집에 살면서 하루
벌어 겨우 먹고사는 처지였다. 그는 모든 부가 자

신의 것이라는 사실을 도무지 이해하지 못했다. 그래서 생각한 끝에 방바닥에 깔 새 카펫과 추운 계절에 집을 따뜻하게 해줄 난로 정도만 요청하기로 했다. 그 학생은 이 책에서 말한 내용을 그대로 따랐고 몇 달 만에 카펫과 난로를 모두 장만할 수 있었다. 그제야 그는 자신이 충분히 요구하지 않았다는 사실을 깨달았다. 그는 자기 집을 구석구석 살펴보면서 개선하고 싶은 부분들을 모두 정리했다. 이곳에 돌출형 창을 달고, 저곳에 방을 만들고, 이렇게 계획을 세우면서 자신이 가지고 싶은 집을 계속 상상했고 마침내 마음속에서 이상적인 집을 완성했다. 그 후에는 어떤 가구를 어디에 배치할지 계획했다.

전체 그림을 마음에 품은 채 그는 특정한 방법으로 살기 시작했고 원하는 바를 향해 나아갔다.

지금 그는 세 들어 살던 그 집을 소유하게 되었고 마음속에 그리던 이미지대로 집을 수리하고 있다.

이제 그는 더 큰 믿음으로 더 많은 것을 얻게 될 것이다. 그는 믿은 만큼 받았다. 당신과 우리 모두 믿은 만큼 받게 될 것이다.

7장. 감사의 법칙

이제 부자가 되는 첫 단계는 당신이 원하는 바를 무형의 실체에 전달하는 것임을 알았을 것이다. 이는 분명한 사실이며, 그렇게 하려면 무형의 지적 존재와 조화로운 관계를 맺어야 한다.

무형의 근원 물질과 조화로운 관계를 확보하는 것은 기본이자 매우 중요한 문제이기 때문에 이 장에서 자세히 설명하겠다. 이 지침을 잘 따른다면 당신은 신과 완전히 한마음이 될 것이다.

마음을 가다듬고 신과 조화를 이루는 모든 과정을 한마디로 요약하면 바로 '감사하기'다.

첫째, 모든 것을 만들어내는 지적인 근원 물질이 있다고 믿어라.

둘째, 자신이 원하는 모든 것을 이 근원 물질이 가져다준다고 믿어라.

셋째, 깊이 감사하는 마음으로 이 근원 물질과 자신을 연결하라.

다른 방면에서는 삶을 제대로 꾸려가면서도 감사하는 마음이 부족한 탓에 가난하게 살아가는 사람들이 많다. 신에게 선물을 하나 받았지만 감사하지 않아서 신과의 관계를 단절시키고 만다.

부의 근원에 더 가까이 갈수록 더 많은 부를 얻

게 된다는 것은 쉽게 이해할 수 있다. 그리고 늘 감사하며 사는 사람이 그렇지 않은 사람보다 신과 더 가까운 곳에 있다는 점도 쉽게 이해가 된다.

좋은 일이 생길 때 신께 감사하면 할수록 좋은 것들이 더 빨리 다가온다. 그 이유는 간단하다. 감사하는 마음이 우리 마음을 축복의 근원에 더 가까워지도록 이끌기 때문이다.

감사하는 마음이 우리의 온 마음을 우주의 창조 에너지와 더 긴밀한 조화를 이루게 한다는 말이 잘 믿기지 않는가? 곰곰이 생각해보라. 그러면 그 말이 진실임을 알게 될 것이다. 우리가 가진 좋은 것들은 특정 법칙에 따라 행동한 결과, 우리에게 왔다. 감사하는 마음은 이러한 좋은 것이 당신에게 다가올 길로 당신의 마음을 이끌어주며, 창조적 생각과 긴밀한 조화를 이루게 하여 경쟁적 사고에 빠지는 것을 막아준다.

감사하는 마음이 있어야만 신을 바라볼 수 있으며, 부의 공급량이 한정되어 있다는 잘못된 생각에 빠지지 않을 수 있다. 부가 제한되어 있다는 생각은 소망을 품는 데 치명적인 영향을 미친다. 이 세상에는 '감사의 법칙'이라는 것이 존재한다. 원하는 결과를 얻으려면 반드시 그 법칙을 따라야 한다.

감사의 법칙은 작용과 반작용이 항상 같은 힘으로, 서로 반대 방향으로 작용한다는 자연 원리와 같다.

신에게 마음을 다해 감사를 담아 찬양하면 힘이 방출된다. 그 힘은 반드시 목표한 곳에 도달하며, 그 반작용으로 원하던 것이 즉시 당신에게 온다. "신을 가까이하라. 그리하면 신도 너희를 가까이하시리라." 이것은 심리학적으로도 입증된 사실이다.

감사하는 마음이 강하고 지속적이면 근원 물질의 반응 역시 강하고 지속적이다. 당신이 바라는 것들 역시 늘 당신을 향해 다가올 것이다. 감사하지 않으면 큰 힘을 발휘하기 어렵다. 감사하는 마음이 당신과 신을 연결해주기 때문이다.

감사하는 마음의 가치는 단지 미래에 더 많은 축복을 받는 데서 그치지 않는다. 감사하는 마음이 없다면 현재 처한 상황에 불만을 품지 않고 지내기가 어렵다. 마음에 불만이 싹트게 놔두는 순간 실패의 길로 들어선다. 흔하고, 가난하고, 지저분하며, 인색한 것에 주의를 기울이다 보면 이러한 형상을 마음에 그리게 된다. 이런 형상이나 정신적 이미지는 무형의 근원 물질에 전달되어 결국 흔하고, 가난하고, 지저분하며 인색한 것들이 우리에게 다가오게 만든다.

마음속에 저급한 것을 허용하면 당신은 저급한 것들로 둘러싸이게 되고 결국 저급한 존재가 된다. 반면 최고의 것에 관심을 쏟으면 최고로 좋은 것들로 둘러싸이게 되고 당신 역시 최고가 된다. 우리 마음속의 창조적 힘은 우리가 관심을 쏟는 것의 이미지대로 우리의 모습을 만든다. 우리는 생각하는 존재이며, 생각하는 존재는 항상 자신이 생각하는 형상을 닮을 수밖에 없다.

감사하는 마음을 지닌 사람은 늘 최고의 것을 생각하므로 최고가 되는 경향이 있다. 최고의 모습과 성격을 갖추며 최고로 좋은 것을 받는다.

믿음 역시 감사하는 마음에서 생긴다. 감사하는 마음은 계속해서 좋은 것을 기대하며 그 기대는 믿음이 된다. 감사하면 그 반작용으로 믿음이 생겨나며, 감사의 물결이 계속 흘러넘쳐 믿음을 증가시킨다. 감사할 줄 모르는 사람은 신념을 오래 유지할 수 없다. 그리고 다음 장에서 살펴보겠지만, 진정한 신념이 없는 사람은 창조적 방법으로 부자가 될 수 없다.

일어나는 모든 좋은 일에 감사하라. 습관을 들여 계속해서 감사를 표현해야 한다. 세상 모든 것이 당신의 성장에 기여하고 있으므로 존재하는 모든 것에 감사해야 한다.

재벌이나 거물, 정치인의 단점이나 허물을 이야기하느라 시간을 낭비하지 마라. 그들의 약점보다 강점이 무엇인지 살펴라. 신은 오늘날의 사회와 경제체제로 우리를 인도하기 위해 오랜 시간 매우 끈질기게 노력해왔으며 지금도 그 일을 진행하고 있다. 때가 되면 신이 타락한 재벌, 거물, 산업계의 리더, 정치인들을 내칠 것이라는 데에 의심의 여지가 없다. 하지만 그때까지는 그들 모두 필요한 존재다. 그들 모두 부가 당신에게 오는 길을 마련하는 데 도움을 주고 있음을 기억하고 감사하라. 이렇게 하면 당신은 만물 안에 있는 선善과 조화를 이룰 것이며, 만물 안에 있는 선이 당신에게 찾아올 것이다.

8장. 원하는 것을 직시하라

6장으로 돌아가 마음속으로 자신이 꿈꾸던 집을 상상했던 학생 이야기를 다시 읽어보자. 그러면 부자가 되는 첫 단계가 무엇인지 어느 정도 알게 될 것이다. 그것은 바로 원하는 것을 명확하고 확실하게 마음속에 그리는 일이다. 마음속에 분명한 그림이 있어야만 그 생각을 근원 물질에 전달할 수 있다.

제대로 생각을 전달하려면 먼저 명확한 그림이

있어야 한다. 많은 사람이 자신이 진정 하고 싶은 것, 갖고 싶은 것, 되고 싶은 것이 무엇인지 잘 모른다. 그저 막연하게 생각하기 때문에 원하는 바를 생각하는 근원 물질에 제대로 각인시키지 못한다. 뭔가 '좋은 일'을 하고 싶어서 부자가 되겠다는 막연한 소망만으로는 충분치 않다. 그런 소망은 누구나 가지고 있지 않은가. 여행을 다니며, 넓은 세상을 보고, 더 충만하게 살고 싶다는 바람으로도 부족하다. 그런 바람 역시 누구에게나 있기 때문이다.

친구에게 편지를 쓴다고 생각해보라. 알파벳을 순서대로 적은 뒤 받는 친구에게 직접 단어를 만들어서 읽으라고 하거나, 사전에서 무작위로 단어를 골라 적어 보내지 않는다. 의미 있는 말을 조리 있게 적어서 편지를 보낼 것이다. 당신의 바람을 근원 물질에 각인시킬 때도 조리 있게 정리해서 보내야 한다는 사실을 기억하라. 당신이 원하는 것이 무엇인지 분명하게 알아야 한다. 모호한 소망이나 막연한 열망을 내보낸다면 결코 창조적 힘을 발휘할 수도, 부자가 될 수도 없다.

자신이 살고 싶은 집을 구체적으로 그렸던 그 학생처럼 당신도 원하는 바를 구체적으로 들여다 봐야 한다.

목적지인 항구를 항상 염두에 두고 항해하는 선원처럼 명확한 그림을 늘 마음속에 두어야 한다. 항상 원하는 것을 직시하라. 키잡이가 나침반에서 눈을 떼지 않는 것처럼 당신도 그 그림에서 눈을 떼서는 안 된다.

그렇다고 집중하는 연습을 한다거나 특별히 시간을 내서 기도할 필요는 없다. 사색에 잠기거나 초자연적 의식을 치를 필요도 없다. 지금 가장 당신에게 필요한 것은 당신이 무엇을 원하는지 정확히 알고, 그것이 마음속에 단단히 새겨질 만큼 아주 간절히 원하고 또 원하는 것이다.

시간이 날 때마다 마음속 그림을 그리는 데 사용하라. 자신이 정말 원하는 것이라면 거기에 마음을 집중하려고 훈련할 필요가 없다. 노력해야만 집중할 수 있다면 그것은 진실로 원하는 것이 아니기 때문이다.

간절히 부자가 되고 싶지 않는 한, 예를 들어 부자가 되고자 하는 열망이 너무 강해서 마치 자력이 나침반 바늘을 끌어당기듯 마음을 온통 그 목표에 빼앗길 정도가 아닌 한, 이 책에서 제시하는 지침들을 실행하려고 노력해도 크게 쓸모가 없을 것이다. 정신적 게으름이나 안일함을 극복할 만큼 부자가 되려는 열망이 매우 강해야만 효과를 얻을 수 있다.

원하는 바를 더 명확하고 구체적으로 그릴수록 그리고 그 생각에 몰두해서 기분 좋은 세부 사항을 끄집어낼수록 당신의 열망은 더 강해질 것이다. 그리고 열망이 강해질수록 당신이 원하는 그림을 마음에 고정하기도 더 쉬워질 것이다.

그러나 단순히 원하는 바를 명확하게 보는 것 말고도 필요한 것이 있다. 그 정도에서 그친다면 그저 몽상가일 뿐 성취에 필요한 원동력은 발생하지 않는다.

명확한 마음속 그림 뒤에는 반드시 그것을 실현하고야 말겠다는 목표 의식, 즉 눈에 보이는 형상으로 만들어내려는 의지가 필요하다. 그리고 이 의지 뒤에는 그것이 이미 내 것이라는 흔들리지 않는 믿음이 있어야 한다. 그것은 이미 가까운 곳에 있으므로 그냥 움켜잡기만 하면 된다.

바라던 집이 실제로 내 앞에 생길 때까지 마음 속으로 새집에서 사는 모습을 상상하라. 마음속 으로 원하는 것을 마음껏 즐겨라.

원하는 것이 실제로 주위에 항상 있는 것처럼 여겨라. 이미 소유해서 사용하는 모습을 상상하 라. 실제 그것을 내 소유물로 사용하는 것처럼 상 상 속에서도 똑같이 사용하라. 그 그림이 명확하 고 분명해질 때까지 깊이 생각한 다음 그것들이 실제로 당신 소유라고 확실하게 믿어라. 이러한 태도를 계속 유지하고 그것이 진짜라는 믿음을 단 한순간도 버리지 마라.

또한 앞서 감사에 대해 이야기했던 것을 기억 하라. 바라던 것을 얻었을 때처럼 늘 감사하는 마음을 지녀라. 아직 상상 속에서만 가지고 있는 것들에 대해서도 신에게 진심으로 감사할 줄 아는 사람이야말로 진정한 믿음을 가진 사람이다. 그런 사람은 반드시 부자가 될 것이다. 자신이 원하는 모든 것을 창조할 것이다.

원하는 것을 얻기 위해 반복해서 기도할 필요는 없다. 매일 신에게 말할 필요도 없다.

당신이 해야 할 일은 더 풍족한 삶을 사는 자신의 모습을 열망하고, 이러한 열망을 논리정연하게 정리하는 것이다. 그런 다음 원하는 것을 가져다줄 힘과 의지를 지닌 무형 물질에 당신의 열망을 각인하라.

일련의 문구를 반복해서 말한다고 각인되지는 않는다. 원하는 바를 이루겠다는 흔들리지 않는 목표와 실제로 얻을 수 있다는 확고한 믿음으로 마음속 그림을 굳게 지켜야 한다.

원하는 것을 입으로 말할 때의 믿음이 아니라 원하는 것을 얻기 위해 실제로 행동하는 믿음에 따라 기도에 대한 응답을 받을 수 있다.

원하는 바를 신에게 말하기 위해 특별한 안식일을 따로 정해놓고 뒤돌아서서 신을 잊어버린다면 창조주의 마음을 움직일 수 없다. 조용한 곳에 들어가 기도하고 나서 다음 기도를 드릴 때까지 원하는 것을 마음속에서 완전히 잊어버린다면 신에게 감동을 줄 수 없다.

소리 내어 기도하는 것이 마음속 그림을 명확히 하고 믿음을 강화하는 데 효과가 있지만, 원하는 바를 실제 갖게 해주는 것은 말로 하는 기도가 아니다. 부자가 되기 위해서는 한 번의 특별한 기도가 아니라 쉬지 않고 하는 기도가 필요하다. 여기서 말하는 기도란, 확고한 마음속 그림과 그것을 실현하겠다는 목표, 그리고 지금 그렇게 하고 있다는 믿음을 갖는 것이다. "믿으라, 그리하면 받으리라."

일단 마음속 그림을 확고하게 형성하면 이제 그것을 실현하는 것이 문제다. 마음속 그림을 만든 뒤에는 신에게 경건한 마음으로 소리 내어 기도하는 것도 나쁘지 않다. 그리고 그 순간부터 마음으로 구한 것을 이미 다 받았다고 여겨라. 새집에 살고, 좋은 옷을 입어라. 근사한 차를 타고, 여행을 다니며, 자신 있게 더 멋진 여정을 계획하라. 요청한 것을 실제로 소유한 것처럼 생각하고 행동하라. 당신이 원하는 환경과 재정 상태를 상상하고, 실제로 그렇게 될 때까지 그런 환경과 재정 상황을 갖춘 것처럼 행동하라. 그러나 몽상가나 공상가처럼 하면 안 된다. 상상이 실현되고 있음을 굳게 믿고 상상을 반드시 실현하겠다는 확고한 목표 의식을 가지고 행동해야 한다. 과학자와 몽상가를 확실하게 구별하는 것은 확고한 믿음과 목표라는 사실을 기억하라. 이 사실을 깨달았다면 이제 의지를 제대로 사용하는 법을 배워보자.

9장. 의지를 사용하는 법

과학적 방법으로 부자가 되고 싶은가? 자기 자신 외에 다른 어떤 대상에도 의지력을 사용하려 해서는 안 된다. 당신의 의지를 사용해 당신이 원하는 바대로 다른 사람이 행동하도록 하는 일은 옳지 않다. 누구도 그럴 권리는 없다.

정신적 힘으로 누군가에게 강요하는 것은 물리적 힘으로 타인을 강제하는 것만큼이나 잘못된 일이다. 물리적 힘으로 사람들을 강제해 당신 뜻대로 일하게 하는 것이 상대방을 노예로 취급하는 행위라면 정신적 힘으로 강요하는 일도 마찬가지다. 단지 방법이 다를 뿐이다. 물리적 힘으로 누군가의 물건을 빼앗는 것이 절도라면 정신적 힘으로 빼앗는 것 역시 절도다. 원칙적으로 아무런 차이가 없다.

'상대방의 이익을 위해서'라고 해도 다른 사람에게 내 의지를 강요할 권리는 없다. 무엇이 상대에게 이로운지 알 수 없기 때문이다. 부자가 되는 과학적 방법은 어떤 식으로든 다른 사람에게 권력이나 힘을 가하라고 요구하지 않는다. 그렇게 할 필요가 조금도 없기 때문이다. 실제로 다른 사람에게 당신의 뜻을 강요한다면 목표를 달성하지 못할 수 있다.

원하는 것을 당신에게 오게 하려고 그것에 의

지를 적용할 필요는 없다. 그런 행동은 신에게 강요하는 행위인 만큼 어리석고 쓸모없는 짓이다.

아침 해가 뜨도록 의지를 사용할 필요가 있는가? 그럴 필요가 없듯이 신에게 좋은 것을 달라고 강요할 필요도 없다. 우호적이지 않은 신을 정복하거나 완고하고 반항적인 세력을 당신 뜻대로 움직이기 위해 의지력을 사용할 필요는 없다. 근원 물질은 당신에게 우호적이며 당신이 원하는 것을 얻고자 하는 마음보다 더 간절하게 그것을 당신에게 주고 싶어 한다.

부자가 되려면 의지력을 자신에게만 사용하면 된다.

무엇을 생각하고 무엇을 해야 할지 알게 되면 올바른 생각을 하고 옳은 일을 하는 데 의지를 사용해야 한다. 바로 이것이 원하는 것을 얻기 위해 의지를 적절하게 사용하는 방법이다. 특정한 방식으로 생각하고 행동하도록 당신을 붙들어주는 데에 의지를 사용하라. 당신의 의지나 생각, 마음을 우주에 투영해서 사물이나 다른 사람을 '움직이려' 하지 마라.

마음을 편하게 가져라. 그래야만 더 많은 것을 성취할 수 있다.

당신이 원하는 이미지를 명확하게 그리기 위해 마음을 활용하라. 확고한 믿음과 목표를 가지고 마음속 그림에 집중하라. 그리고 의지를 사용해서 마음이 올바른 방향으로 나아가도록 하라. 믿음과 의지가 한결같고 확고할수록 더 빨리 부자가 될 수 있다. 근원 물질에 긍정적인 인상만 전달하며, 부정적인 인상으로 효과를 없애거나 상쇄하지 않기 때문이다. 믿음과 목표 의식을 가지고 마음에 그린 당신의 열망은 무형의 근원 물질에 닿아 먼 우주 전체로 퍼져나간다.

열망이 온 우주 구석구석까지 퍼지면서 모든 것이 그 열망을 실현하기 위해 움직이기 시작한다. 생물과 무생물, 그리고 아직 창조되지 않은 것들 모두 당신이 원하는 것을 실현하기 위한 방향으로 움직인다. 온갖 힘이 그 방향으로 작용하며, 모든 것이 당신을 향해 움직이기 시작한다. 세상 사람들이 그 영향을 받아 당신의 열망을 실현하는 데 필요한 일들을 하게 되고 무의식적으로 당신을 위해 일한다.

하지만 무형의 근원 물질에 부정적 인상을 전달하면 이 모든 흐름에 제동이 걸릴 수 있다. 확고한 믿음과 목표가 당신을 향한 흐름을 만들어낸 것처럼 의심이나 불신은 당신에게서 멀어지는 흐름을 만들어낸다. 부자가 되기 위해 '정신과학'을 이용하고자 하는 사람들 대부분이 실패하는 이유는 바로 이 사실을 제대로 이해하지 못하기 때문이다. 의심과 두려움으로 시간을 낭비할 때, 걱정하면서 시간을 보낼 때, 불신에 사로잡혀 시간을 낭비하는 매 순간순간, 지적인 근원 물질의 세상에서 멀어진다.

믿음이 무엇보다 중요하므로 마땅히 당신의 생각을 지켜야 한다. 믿음은 무엇을 관찰하고 생각하느냐에 따라 크게 영향받기 때문에 당신의 주의가 어디로 쏠리는지 세심하게 관리해야 한다. 이때 필요한 것이 의지다. 어디에 주의를 기울일지 결정하는 것이 바로 의지이기 때문이다.

부자가 되고 싶은가? 그러면 가난을 생각해서는 안 된다. 내가 원하는 것과 반대되는 것을 생각하면 원하는 것을 얻을 수 없다. 질병을 연구하고 생각한다고 해서 건강을 얻을 수는 없으며, 죄를 연구하고 생각한다고 해서 정의가 실현되지는 않는다. 마찬가지로 가난을 공부하고 생각하는 사람은 절대 부자가 되지 못한다.

가난에 관해 이야기하지 마라. 가난을 조사하거나 신경 쓰지도 마라. 가난의 원인이 무엇이든 상관하지 마라. 당신은 가난과 아무런 관계가 없다. 당신이 신경 써야 할 것은 부자가 되는 방법이다.

자선 사업이나 자선 활동에 시간을 보내지 마라. 가난의 비참함을 없애고자 하는 활동이지만 오히려 가난의 비참함을 지속시키는 경향이 있다. 냉혹하거나 불친절해야 한다거나 도움을 요청하는 이들을 외면하라는 말이 아니다. 늘 해오던 진부한 방법으로 빈곤을 근절하려고 애써봤자 소용없다는 얘기다.

가난을 뒤로하라. 가난과 관련한 모든 것들을 말끔히 잊고 성공하라. 부자가 돼라. 그것이 가난한 사람들을 돕는 최선의 길이다.

가난의 이미지가 마음속에 가득하면 부자가 되게 해줄 부자 이미지가 들어설 자리가 없다. 공동주택 거주자들의 비참함, 아동노동의 끔찍함 등에 관해 설명하는 책과 뉴스를 읽지 마라. 마음을 결핍과 고통 같은 우울한 이미지로 채우는 그 어떤 것도 읽지 마라. 그런 사실을 알아도 가난한 사람을 돕는 데 그다지 도움이 되지 않는다. 더욱이 그런 산만한 지식은 빈곤을 없애는 데 아무런 도움도 되지 않는다. 가난을 없애려면 빈곤의 이미지를 마음에 새기는 것이 아니라 가난한 이들의 마음에 부유함의 이미지를 심어야 한다. 가난한 이들의 비참함을 당신 마음에 채우지 않는다고 해서 그들을 고통 속에 버려두는 것이 아니다. 가난을 없애려면 가난에 대해 생각하는 부자의 수를 늘리는 것이 아니라 확고한 믿음으로 부자가 되려 하는 가난한 사람의 수를 늘려야 한다.

가난한 이들은 자선이 아닌 자극이 필요하다. 자선은 가난한 사람들이 여전히 비참하게 살면서 겨우 생활을 이어가도록 빵 몇 조각을 주거나 비참함을 한두 시간 잊게 해주는 오락거리를 줄 뿐이다. 하지만 자극은 그들이 비참함에서 스스로 일어나도록 돕는다. 가난한 이들을 돕고 싶다면 그들도 부자가 될 수 있음을 보여줘라. 당신 자신이 부자가 되는 모습을 보여줌으로써 그 사실을 증명할 수 있다.

이 세상에서 가난을 추방할 수 있는 유일한 방법은 이 책의 가르침을 실천하는 사람의 수가 계속해서 늘어나는 것이다. 경쟁을 통해서가 아니라 창조함으로써 부자가 되는 방법을 배워야 한다.

경쟁으로 부자가 된 사람들은 자신이 오른 사다리를 부숴버리고 다른 사람이 오르지 못하게 만든다. 하지만 창조로 부자가 된 사람은 수많은 사람이 자신을 따를 수 있게 길을 열어주고 격려한다.

가난을 불쌍히 여기지 않고, 가난에 대해 보고 읽고, 생각하거나 이야기하지 않고, 가난에 관해 이야기하는 사람들의 말을 듣지 않는다고 해서 냉혹하거나 무자비한 게 아니다. 의지를 사용해서 가난이라는 주제에서 아예 관심을 끄고, 확고한 믿음과 목표로 당신이 원하는 것에만 온전히 집중하라.

10장. 부의 흐름을 방해하는 것들

실재하는 것이든 상상의 것이든 부와 반대되는 생각에 주의를 기울이면 부자가 되겠다는 목표를 확실하게 유지할 수 없다.

과거 돈 때문에 어려움을 겪은 적이 있더라도 그 일에 대해 말하지 말고 생각하지도 마라. 부모님이 가난했던 이야기나 힘들게 살았던 어린 시절에 대해서도 말하지 마라. 이런 것들을 말하는 그 시간 동안 심리적으로 가난한 사람과 같은 부류가 된다. 그것은 분명히 부의 흐름이 당신에게 오는 것을 방해한다.

가난 그리고 가난과 관련한 모든 것을 완전히 잊어라. 당신은 특정한 우주 이론이 옳다는 사실을 받아들였고, 그것이 옳다는 데 모든 희망을 걸었다. 그렇다면 상반되는 이론에 눈길을 돌린다고 무엇을 얻을 수 있겠는가?

세상이 곧 멸망한다고 말하는 종교 서적을 읽지 마라. 세상이 지옥이 될 거라고 헛소문을 퍼뜨리는 자와 비관론자의 글을 읽지 마라. 세상은 악마에게 가는 것이 아니라 신에게로 가고 있다. 세상은 경이로워지고 있다.

물론 세상에 불쾌한 일이 많은 것은 사실이다. 하지만 스쳐 지나갈 게 분명한 불쾌한 일들을 생각하는 것이 무슨 소용이 있겠는가? 그런 것들을 생각해봤자 우리 곁에 더 머물게 할 뿐이다. 왜 진화론적 성장으로 인해 자연히 사라지는 것에 시간과 관심을 낭비하는가? 각자의 자리에서 맡은 역할에 충실함으로써 진화론적 성장을 촉진하면 불쾌한 것들이 사라지는 시간을 앞당길 수 있다.

세상이 부유해지는 것에 관심을 기울여라. 세상이 점점 더 풍요로워진다고 생각하라. 세상 전체가 부유해지도록 당신이 돕는 유일한 길은 경쟁이 아닌 창조적 방법을 통해 당신 스스로 부자가 되는 것이다. 가난은 생각하지 말고 부에만 집중하라.

가난한 사람에 대해 생각하고 말할 때마다 그들이 곧 부자가 될 것처럼 생각하고 말하라. 불쌍하게 보기보다 축하받아야 할 사람이라고 여겨라. 그러면 그들뿐 아니라 다른 사람들도 영감을 얻어 가난에서 벗어날 길을 찾기 시작할 것이다.

모든 시간과 마음과 생각을 부자가 되는 데 쏟으라고 했지만, 비도덕적이거나 야비한 사람이 되라는 말은 결코 아니다. 진정한 부자가 된다는 것은 인생에서 성취할 수 있는 가장 고귀한 목표다. 그 안에 다른 모든 것이 포함되어 있기 때문이다.

경쟁하는 마음을 지니면 부자가 되기 위한 투쟁이 다른 사람을 밟고 올라서야 하는 치열한 쟁탈전이 되지만, 창조의 마음을 지니면 이 모든 것이 바뀐다.

위대함, 영혼의 자유, 봉사와 고매한 노력이라고 할 만한 모든 것은 부자가 되어야만 당신에게 온다. 자원을 활용해야 이 모든 것을 해낼 수 있기 때문이다.

몸이 건강하지 않은 사람이 건강해지기 위해서는 먼저 부자가 되어야 한다는 사실을 알게 될 것이다. 돈 걱정 없이, 편안하고 위생적인 생활을 할 수 있는 사람만이 건강을 되찾고 유지할 수 있기 때문이다.

생존을 위해 경쟁하지 않는 사람만이 도덕적·정신적으로 위대해질 수 있다. 창조적 방법으로 부자가 된 사람들만이 경쟁이 가져오는 굴욕적인 영향에서 벗어날 수 있다. 가정의 행복을 원한다면, 고상하고 높은 수준의 사고를 하라. 비도덕적인 영향이 없는 곳에서 사랑이 가장 활짝 꽃피운다는 점을 기억하라. 이런 특징은 투쟁이나 경쟁이 아니라 창조적 사고를 실천해서 부를 일구었을 때만 얻을 수 있다.

다시 말하지만, 부자가 되는 것만큼 위대하고

고귀한 목표는 없다. 그러니 마음속에 부유함을 그리는 데 집중하라. 당신의 시야를 흐리게 하는 모든 것을 물리쳐라.

모든 것에 내재한 진실을 보는 법을 배워야 한다. 겉으로 보기에 좋지 않은 모든 상황에서도 위대한 생명이 더 충만하게 자신을 발현하며 완전한 행복을 향해 계속 나아가고 있음을 볼 수 있어야 한다. 그 진실이란 이 세상에 가난은 존재하지 않으며 오직 부만 있을 뿐이라는 것이다.

어떤 이들은 이 세상에 자신을 위한 부가 있다는 사실을 몰라서 가난을 벗어나지 못한다. 그들에게 진실을 가장 잘 알려주는 방법은 당신이 풍요롭게 사는 모습을 보여주는 것이다.

가난에서 빠져나갈 길이 있다고 느끼면서도 정신적으로 게으른 나머지 그 길을 찾는 노력을 기울이지 않아서 가난한 사람들도 있다. 그들을 위해 당신이 할 수 있는 최선은 정당하게 부자가 되는 데서 오는 행복을 보여줌으로써 부자가 되고 싶은 열망을 그들 마음속에 불러일으키는 것이다.

과학적 개념을 가지고 있지만, 형이상학적이고 초자연적 이론의 미로에 휩쓸려 방향을 잃고 어느 길을 택해야 할지 몰라서 가난한 사람들도 있다. 그들은 여러 방법을 다 시도하지만, 번번이 실패한다. 다시 말하지만 가장 좋은 방법은 당신이 올바른 방법으로 부자가 되는 모습을 보여주는 것이다. 백번 말하는 것보다 한 번 보여주는 것이 훨씬 효과적이다.

이 세상을 위해 할 수 있는 최선은 바로 당신을 최대한 활용하는 것이다. 당신이 부자가 되는 것이야말로 가장 효과적으로 신과 인류에 봉사하는 방법이다. 단, 경쟁이 아닌 창조적 방법으로 부자가 되어야 한다.

한 가지 더, 이 책은 부자가 되는 과학적 원칙을 자세히 알려준다고 말했다. 그 말이 사실이라면 부자가 되는 법에 관한 다른 책은 읽을 필요가 없다. 편협하고 이기적으로 들릴 수 있지만, 생각해보자. 수학에서 덧셈, 뺄셈, 곱셈, 나눗셈만큼 과학적인 계산법은 없다. 두 점 사이를 잇는 최단 직선은 단 하나뿐이다. 이렇게 과학적으로 생각하는 방법은 하나뿐이며, 그 방법은 가장 간단하고 직접적으로 목표에 도달하는 방식으로 생각하는 것이다. 이 책에서 말한 것보다 더 간결하고 덜 복잡하게 부자가 되는 시스템을 설명한 사람은 없다. 꼭 필요하지 않은 내용은 모두 걸러냈다. 다른 모든 것들은 제체두고 이 책에서 말한 대로 실천하라. 다른 방법들은 모조리 마음에서 지워버려라.

언제나 이 책을 가지고 다니면서 매일 읽어라. 이 책의 내용을 외우고, 다른 시스템이나 이론은 생각하지 마라. 다른 방법을 생각하게 되면 의심이 생기기 시작하고 확신이 사라지며 흔들린다. 그 순간 실패하기 시작한다.

성공해서 부자가 된 후에 얼마든지 다른 시스템을 공부해도 된다. 하지만 원하는 것을 얻었다고 확신할 때까지는 서문에서 언급한 헤겔, 에머슨 같은 저자의 책 외에는 이 주제에 대한 그 어떤 책도 읽지 마라. 뉴스를 접할 때도 마음속에 그린 이미지와 조화를 이루는 긍정적인 소식만 읽어라.

또한 초자연주의에 관한 연구도 미뤄라. 신비

주의와 심령술 따위나 그 비슷한 주제에 조금이라도 관심을 기울이지 마라. 죽은 자들이 여전히 남아서 근처에 머물고 있을지도 모른다. 하지만 설사 그렇다 해도 상관하지 말고 해야 할 일에 집중하라.

죽은 이들의 영혼이 어디에 있든지 그들에게는 그들이 해야 할 일이 있고, 해결해야 할 문제가 있다. 우리는 간섭할 권리가 없다. 우리는 죽은 이들을 도울 수 없으며 그들이 우리를 도울 수 있는지도 알 수 없다. 설사 그렇다 해도 우리에게 그들을 간섭할 권리는 없다.

죽은 이들은 그들 세계에 있도록 내버려 두고, 당신의 문제를 해결하라. 부자가 돼라. 초자연주의 따위와 엮이기 시작하면 당신의 정신에 혼란과 동요가 일어나 희망이 꺾일 것이다. 앞서 말한 기본 원칙을 다시 정리해보자.

하나, 만물의 근원이 되는 생각하는 물질이 있다. 이 물질은 우주의 공간 사이에 스며들고, 침투하며, 우주를 가득 채우고 있다.

둘, 이 무형 물질에 생각이 깃들면 자신이 생각한 이미지를 형상으로 만든다.

셋, 사람은 형상을 생각할 수 있다. 무형의 근원 물질에 그 생각을 각인시키면 자신이 생각했던 사물을 만들어낼 수 있다.

이를 위해서는 경쟁 심리에서 벗어나 창조적 마음가짐을 지녀야 한다. 마음속으로 원하는 바를 명확하게 그리고, 확고한 믿음과 목표로 그 그림을 마음속에 고정해야 한다. 원하는 것을 반드

시 얻겠다는 믿음으로 목표를 흔들리게 하거나,

마음속 그림을 흐리거나, 믿음을 약화시킬 수 있

는 모든 것을 철저히 차단해야 한다.

11장. 특정한 방식으로 행동하라

생각은 창조하는 힘 또는 창조하는 힘을 움직이는 원동력이다. 특정한 방식으로 생각하면 부자가 될 수 있다. 하지만 행동하지 않고 생각에만 의존해서는 안 된다. 많은 과학철학 사상가들이 생각에만 의존해서, 즉 생각을 행동으로 옮기는 데 실패해서 좌초하고 만다.

우리 인간은 자연적 발생 과정이나 인간의 손을 거치지 않고 무형의 근원 물질에서 직접 무언가를 창조하는 발전 단계에는 아직 도달하지 못했다. 즉 생각만 해서는 안 되며, 행동이 뒤따라야 한다.

생각만으로 산속 깊은 곳에 있는 금을 당신에게 다가오게 할 수 있지만, 그렇다고 금이 스스로 채굴되고 정제되어 금화로 변한 뒤 당신 주머니에 저절로 들어올 리는 없다.

신의 추진력으로 사람들에게 일이 배분되면 이 세상 누군가는 금을 채굴하고, 누군가는 거래를 하면서 결국 당신에게 금이 오게 될 것이다. 금이 당신에게 왔을 때 제대로 받을 수 있도록 일을 잘 정리하고 준비해두어야 한다. 생각은 당신이 원하는 것을 가져다주기 위해 생물과 무생물을 비롯한 만물을 일하게 한다. 바라던 것이 당신에게 왔을 때 마땅히 받을 수 있도록 올바르게 행동해야 한다. 거저 받아서도, 훔쳐서도 안 된다. 모든 사람에게 현금 가치보다 더 큰 이용 가치를 돌려주어야 한다.

생각을 과학적으로 활용하려면 마음속으로 원하는 바에 대해 명확하고 구체적인 이미지를 그려야 한다. 그리고 그것을 얻겠다는 확고한 목표를 굳게 다지고 감사함으로 믿으면 실제로 얻게 된다는 진리를 깨달아야 한다.

원하는 바를 이루기 위해 생각을 비밀스럽거나 초자연적인 방법으로 투영하려 하면 안 된다. 이는 시간 낭비일 뿐만 아니라 온전하게 생각하는 힘을 약하게 한다.

부자가 되는 데 생각의 역할은 이미 충분히 설명했다. 확고한 믿음과 목표로 당신이 원하는 것에 대한 생각을 무형 물질에 각인시킨다. 이 무형 물질은 당신을 포함한 많은 생명이 번성하길 바라는 열망을 지니고 있다. 무형 물질에 생각이 각인되면 모든 창조적 힘이 규칙적인 행동 경로를 통해 발휘되어 결국 원하는 것이 당신을 향해 다가온다.

이 창조 과정을 인도하고 감독하는 것은 당신 몫이 아니다. 당신은 마음속 그림을 품고, 목표를 굳게 지키며, 확고한 믿음과 감사하는 마음만 잃지 않으면 된다. 더불어 원하던 것이 당신에게 왔을 때 자기 것으로 만들 수 있도록 특정한 방식으로 행동해야 한다. 그래야 마음속으로 그리던 것들을 만났을 때 도착하는 대로 적절한 장소에 둘 수 있다.

이 말이 옳다는 사실은 쉽게 알 수 있다. 원하던 것이 왔는데 다른 사람 손에 들려 있다면 상대방은 당신에게 그에 상응하는 대가를 요구할 것이다. 상대방에게 줘야 할 것을 줘야만 당신에게 온 것을 받을 수 있다.

당신의 주머니는 열심히 일하지 않아도 항상 돈이 가득한 포르투나투스의 지갑(독일 우화 '포르투나투스와 지갑'에 나오는 요술 지갑으로 항상 금화 열 닢이 들어 있다-옮긴이)이 아니다.

부자가 되는 과학적 방법에서 핵심은 생각과 행동이 연결되어야 한다는 사실이다. 의식적이든 무의식적이든 계속해서 강한 열망으로 창조적 힘을 발휘해 행동으로 옮기는데도 가난에서 벗어나지 못하는 사람이 많다. 원하는 것이 다가왔을 때 그것을 받을 준비가 되어 있지 않기 때문이다.

생각은 원하는 것을 당신에게 오게 하지만, 그것을 받으려면 행동해야 한다. 분명한 사실은 당신이 지금 행동해야 한다는 것이다. 과거로 돌아가 행동할 수는 없다. 마음속 그림을 선명하게 유지하려면 마음에서 과거를 깨끗이 지워야 한다. 아직 오지 않은 미래에 행동할 수도 없다. 어떤 사건이 발생했을 때 당신이 무슨 행동을 하게 될지는 실제 그 일이 일어나기 전에는 알 수 없다.

지금 하는 일이 당신과 맞지 않는다고 해서 혹은 환경이 좋지 않다고 해서 맞는 일을 찾고 적합한 환경이 될 때까지 행동을 미뤄야 한다고 생각하지 마라. 언제 닥칠지 모르는 비상사태를 위한 최선의 행동을 생각하느라 시간을 허비하지 마라. 어떤 비상사태가 닥치더라도 당신에게는 대처할 능력이 있다고 믿어라. 마음이 현재에 있지 않고 미래에 가 있으면 현재 어떤 행동을 해도 마음과 행동이 일치하지 않아서 아무런 효과가 없다.

현재의 행동에 온 마음을 쏟아라.

창조적 자극을 근원 물질에 전달한 뒤 그저 앉아서 결과를 기다리면 안 된다. 그렇게 해서는 결코 원하는 바를 얻지 못한다. 지금 바로 행동하라. 지금이 아니면 시간이 없고 앞으로도 그럴 것이다. 원하는 것을 얻을 수 있게 준비하려면 지금바로 시작해야 한다.

어떤 행동을 하든 현재 하는 사업이나 일 그리고 현재 환경과 관련된 사람과 사물에 관한 것이어야 한다. 현재 있는 곳이 아닌 다른 곳에서는 행동할 수 없다. 과거에 있었던 곳이나 미래에 있을 곳에서 행동할 수 없다. 오직 지금 당신이 있는 곳에서만 행동할 수 있다.

어제 일이 잘되었는지 잘못되었는지 고민하지 말고 오늘 할 일을 제대로 해라. 내일 일을 지금

하려고 하지 마라. 내일이 되면 그 일을 할 시간
이 충분히 있을 것이다.

당신이 통제할 수 없는 사람이나 사물에 초자
연적이거나 미신적인 방법으로 영향을 미치려 해
서는 안 된다.

환경이 바뀐 다음 행동하려고 기다리지 마라.
행동으로 환경을 바꿔라. 지금 당신이 있는 환경
에서도 바꿀 수 있으며 더 나은 환경으로 이동할
수도 있다.

확고한 믿음과 목표를 가지고 더 나은 환경 속
에 있는 당신의 모습을 생생하게 그려보라. 하지
만 온 마음으로 힘과 뜻을 다해 현재의 환경 안에
서 행동해라.

공상이나 망상에 빠져 시간을 낭비하지 마라.
원하는 단 하나의 그림에 집중하면서 바로 지금

그 자리에서 행동하라.

부자가 되기 위해 뭔가 이상하고 색다르거나 놀랄 만한 방법을 찾거나 행동하려고 하지 마라. 적어도 당분간은 당신이 그동안 해왔던 행동을 똑같이 할 가능성이 크다. 하지만 이제는 특정한 방식으로 행동하는 법을 배워라. 이 방법을 실천한다면 틀림없이 당신은 부자가 될 것이다.

지금 하는 일이 당신과 맞지 않는가? 내키지 않는 일이라고 해서 행동하지 않고, 적성에 맞는 일이 생길 때까지 그저 기다리면 안 된다. 맞지 않는 일을 한다고 낙담하거나 주저앉아 한탄하지 마라. 지금 맞지 않는 일을 한다고 해서 앞으로도 계속 그렇다든가, 맞는 일을 찾지 못하는 것은 아니다. 잘못된 사업에 뛰어들었다고 해서 앞으로도 원하는 사업을 하지 못하게 된다는 법은 없다.

당신에게 잘 맞는 일이나 사업을 하는 모습을 마음속에 생생하게 그리고, 그 일을 찾겠다는 흔들림 없는 목표를 갖고, 그 일을 반드시 하게 되리라는 믿음을 가져라. 하지만 현재 있는 자리에서 행동하라. 현재 하는 일을 더 나은 일을 하기 위한 수단으로, 현재의 환경을 더 나은 환경을 얻기 위한 발판으로 활용하라. 당신에게 맞는 사업에 대한 비전을 간직하고 확고한 믿음과 목표를 가진다면 신이 그 일을 당신에게 가져다줄 것이다. 그리고 특정한 방식으로 행동하면 당신도 그 사업을 향해 다가가게 될 것이다.

지금 어떤 회사에 소속되어 월급을 받는 직장인인데 원하는 목표를 성취하기 위해 다른 직장으로 옮겨야 한다고 느낀다면 그 생각을 우주에 투영하는 것만으로 다른 직업을 얻을 수 있다고 생각하지 마라. 아마 실패할 것이다. 원하는 일을 하는 자신의 모습을 상상하고 현재 자리에서 확고한 믿음과 목표를 가지고 행동해라. 그러면 반드시 원하는 일자리를 얻을 것이다. 마음속 그림과 확고한 믿음은 창조적 힘을 움직여 원하는 직장으로 당신을 데려간다.

이 장을 마치면서 앞에서 정리한 원칙에 하나를 더 추가해보자.

하나, 만물의 근원이 되는 생각하는 물질이 있다. 이 물질은 우주의 공간 사이에 스며들고, 침투하며, 우주를 가득 채우고 있다.

둘, 이 무형 물질에 생각이 깃들면 자신이 생각한 이미지를 형상으로 만든다.

셋, 사람은 형상을 생각할 수 있다. 무형의 근

원 물질에 그 생각을 각인하면 자신이 생각했던 사물을 만들어낼 수 있다.

그러려면 경쟁의식에서 벗어나 창조적인 마음가짐을 지녀야 한다. 마음속으로 원하는 바를 명확하게 그리고 확고한 믿음과 목표를 가지고 그 그림을 마음속에 고정해야 한다. 변함없는 믿음으로 목표를 흔들리게 하거나, 마음속 그림을 흐리거나, 믿음을 약하게 하는 모든 것을 철저히 차단해야 한다. 원하는 것을 받으려면, 현재 처한 환경에서 주변에 있는 사물과 사람들을 향해 바로 지금 행동해야 한다.

12장. 효율적인 방식으로 행동하라

지금까지 설명한 내용을 마음에 새겨 당신의 생각을 잘 사용하라. 그리고 현재 있는 곳에서 할 수 있는 일을 실행하라. 지금 있는 곳에서 할 수 있는 일을 모두 해야 한다.

사람은 자신이 현재 있는 자리에서 능력을 발휘할 수 있어야만 발전할 수 있다. 현재 있는 곳에서 자기 일을 제대로 하지 않으면서 더 나은 자리로 가는 사람은 없다. 이 세상은 자기 할 일을 제대로 하는 것을 넘어서 그 이상을 하는 사람들 덕분에 발전하는 것이다.

현재 자기 자리에 충실한 사람이 아무도 없다면 세상 모든 것이 퇴보할 것이다. 자기 일조차 제대로 하지 못하는 사람은 사회, 정부, 교역, 산업에 무거운 짐이 되고 다른 누군가가 상당한 비용을 치르며 이들을 끌고 가야 한다. 세상의 진보가 늦어지는 것도 현재 자신의 위치에 충실하지 않은 사람들 때문이다. 이런 사람들은 시대에 뒤떨어지고 삶의 낮은 단계에 속해 있으며 퇴행하는 경향이 있다. 사회 구성원 각각이 현재 자신의 직분에 충실하지 않으면 사회는 발전할 수 없다. 사회의 발전은 물리적·정신적 발전의 법칙을 따르기 때문이다.

동물의 세계에서 진화가 일어나는 것은 넘치는

생명력 때문이다. 하나의 생명체가 자기 현재 단계에서 표현할 수 있는 기능보다 더 많은 생명력을 가졌을 때 그 생명체는 더 높은 수준의 기관을 발달시킨다. 그렇게 해서 새로운 종種이 탄생한다. 만약 자신의 능력을 넘어서 그 이상을 표현하는 생명체가 없었다면 새로운 종은 탄생할 수 없었을 것이다.

이 법칙은 인간에게도 똑같이 적용된다. 부자가 되려면 이 원칙을 당신의 삶에 적용해야 한다.

매일매일은 성공한 날 혹은 실패한 날 중 하나이며, 원하는 바를 이룬 날은 성공한 날이다. 하루하루 실패의 연속이라면 절대 부자가 될 수 없지만, 날마다 성공한다면 반드시 부자가 될 것이다.

오늘 할 수 있는 일이 있는데 그것을 하지 않았다면 그 일에 실패한 것이다. 그 결과는 당신이 생각했던 것보다 훨씬 더 비참할 수 있다.

아주 사소한 행동이라도 어떤 결과를 가져올지 아무도 예측할 수 없다. 이처럼 우리를 대신해 움직이는 모든 힘이 어떤 식으로 작용할지도 알 수 없다. 당신이 하는 사소한 행동 하나에 많은 것이 달라질 수 있다. 바로 그 행동이 아주 커다란 가능성으로 들어가는 기회의 문을 열 수도 있다. 절대 지성이 우리를 위해 이 세상에 얼마나 많은 조합을 만들어놓았는지 우리는 결코 알지 못한다. 작은 일에 실패하거나 소홀히 하면 원하는 것을 얻는 데 오랜 시간이 걸릴 수 있다.

날마다 그날 할 수 있는 모든 일을 하라. 다만 고려해야 할 제약과 조건이 있다. 가능한 한 짧은 시간 안에 최대한 많은 일을 하려고 과로하거나 맹목적으로 일에 덤벼들어서는 안 된다. 예를 들

어 내일 해야 할 일을 오늘 다 마치려 하거나 일
주일에 걸쳐서 해야 할 일을 하루에 끝내려고 성
급하게 굴어서도 안 된다. 중요한 것은 일의 양이
아니라 행동의 효율성이다.

모든 행동은 그 자체로 성공이거나 실패다.

모든 행동은 그 자체로 효율적이거나 비효율적
이다.

효율적이지 못한 행동은 모두 실패이며, 평생
을 비효율적으로 행동하며 보낸다면 당신은 실패
한 인생을 걷게 된다.

당신이 하는 모든 행동이 비효율적이라면 일을
많이 할수록 상황은 더욱더 나빠진다. 반면에 모
든 효율적인 행동은 그 자체로 성공이며, 항상 효
율적으로 행동한다면 당신은 반드시 성공한 인생
을 살 것이다.

실패하는 이유는 비효율적인 방식으로 너무 많은 일을 하고 효율적인 방식으로는 충분히 일하지 않기 때문이다. 비효율적인 행동을 하지 않고, 효율적인 행동을 많이 하는 사람만이 부자가 될 수 있다. 지금 당신이 하는 각각의 행동을 효율적으로 할 수 있다면, 부를 얻는 것이 수학처럼 정확한 과학임을 다시 알게 될 것이다.

그렇다면 문제는 개별 행동을 언제나 효율적인 방식으로 이뤄질 수 있도록 하는 것이다. 당신은 분명히 그렇게 할 수 있다. 절대적 힘이 당신과 함께하며, 그 힘은 실패하는 법이 없기 때문이다. 우리는 그 힘을 마음대로 사용할 수 있다. 각각의 행동을 효과적으로 하기 위해서는 단지 그 힘을 행동에 쏟기만 하면 된다.

모든 행동은 강력하거나 약하거나 둘 중 하나

다. 모든 행동이 강력하다면 당신은 부자가 되는 특정한 방식으로 행동하는 것이다.

모든 행동을 강력하고 효율적으로 만들려면, 그 행동을 하는 동안 마음속 그림을 굳건히 그리고 확고한 믿음과 목표를 가지고 모든 힘을 거기에 쏟아부어야 한다.

마음과 행동이 따로 노는 사람은 바로 이 지점에서 실패한다. 이들은 이쪽에서 마음의 힘을 사용하고 저쪽에서 행동한다. 그래서 이들이 하는 행동은 많은 부분 효율적이지 못하고, 결국 성공하지도 못한다. 하지만 모든 행동에 절대적 힘을 사용한다면 아무리 흔한 일이라도 각각의 행동은 그 자체로 성공하게 된다. 하나의 성공이 또 다른 성공으로 가는 길을 열어주듯이, 원하는 것이 당신에게 다가오는 속도 또한 점점 더 빨라질 것이다.

성공적인 행동의 결과는 누적된다는 사실을 기억하라. 충만한 삶에 대한 열망은 만물에 내재해 있으므로 우리가 더 충만한 삶을 향해 나아가면 더 많은 것들이 우리에게 다가오고 그 열망의 영향력도 더욱 커진다.

날마다 그날 할 수 있는 모든 일을 하라. 그리고 반드시 효율적인 방식으로 행동하라.

아무리 사소하고 평범한 일을 할지라도 일하는 동안 꼭 마음속 그림에 집중해야 한다. 이 말은 마음속 그림의 아주 작은 세부 사항까지 항상 명확하게 그려야 한다는 의미가 아니다. 여가 시간을 활용해 그림의 세세한 부분을 상상해서 마음속에 확실히 심으면 된다. 빠른 결과를 원한다면 한가할 때마다 그런 훈련을 하라.

반복해서 훈련하다 보면 당신이 원하는 것에

대한 그림이 아주 세세한 부분까지도 마음에 단단히 새겨지고 무형의 근원 물질에 완전하게 전달된다. 그러면 일하는 시간에 마음속으로 그 이미지를 떠올리기만 해도 확고한 믿음과 목표가 자극받아 최선의 노력을 기울이게 된다.

마음속 그림을 집중적으로 생각하여 당신의 의식이 그것으로 가득 차게 하라. 장래의 밝은 약속에 고무된 당신은 그것을 생각만 해도 강한 에너지를 발산할 수 있다.

이번 장에서 알게 된 내용을 추가해 우리의 원칙을 다시 한번 정리해보자.

하나, 만물의 근원이 되는 생각하는 물질이 있다. 이 물질은 우주의 공간 사이에 스며들고, 침투하며, 우주를 가득 채우고 있다.

둘, 이 무형 물질에 생각이 깃들면 자신이 생각한 이미지를 형상으로 만든다.

셋, 사람은 형상을 생각할 수 있다. 무형의 근원 물질에 그 생각을 각인하면 자신이 생각했던 사물을 만들어낼 수 있다.

그러려면 경쟁의식에서 벗어나 창조적인 마음가짐을 지녀야 한다. 마음속으로 원하는 바를 명확하게 그리고 확고한 믿음과 목표를 가지고 그 그림을 마음속에 고정해야 한다. 날마다 할 수 있는 일을 모두 하되 효율적으로 해야 한다.

13장. 좋은 도구를 제대로 활용하는 법

어떤 분야에서든 성공하려면 그 분야에서 필요한 능력을 습득해서 잘 갈고닦아야 한다.

뛰어난 음악적 재능 없이는 누구도 음악계에서 성공할 수 없고, 특별한 기술 없이는 기계 업종에서 커다란 성공을 거둘 수 없다. 장사에 대한 요령이나 재주 없이는 상업 분야에서 성공하기 어렵다. 그러나 특정 직업에 필요한 능력을 잘 갖추고 있다고 해도 반드시 부자가 되는 것은 아니다.

뛰어난 재능을 가졌으나 여전히 가난한 음악가들이 있고 특별한 기술을 가졌지만 부자가 되지 못한 대장장이나 목수도 많다. 사람을 다루는 능력이 탁월함에도 실패하는 상인도 있다.

각각의 능력은 도구다. 좋은 도구를 갖추는 것도 매우 중요하지만, 도구를 올바르게 사용하는 것이 훨씬 더 중요하다. 어떤 사람은 날카로운 톱, 직각자, 질이 좋은 대패 등을 가지고 근사한 가구를 만들 수 있지만, 어떤 사람은 같은 도구로 똑같이 만들라고 해도 형편없는 가구를 만들어낸다. 좋은 도구를 제대로 사용하는 법을 모르기 때문이다.

우리가 갖춘 다양한 능력은 부자가 되기 위한 일을 하는 데 필요한 도구와 같다. 자신이 가진 능력을 발휘할 수 있는 곳에서 일한다면 성공할

확률이 높아진다. 일반적으로 볼 때 자신의 가장 뛰어난 재능을 사용하는 분야, 즉 타고난 재능이 있는 분야에서 가장 좋은 성과를 거둘 수 있다. 하지만 이 말에도 한계가 있다. 무조건 타고난 재능이 있는 직업에만 종사해야 하는 것은 아니기 때문이다.

당신은 어느 분야에서나 부자가 될 수 있다. 그 분야에 적합한 재능이 없다면 계발하면 된다. 타고난 재능의 테두리 안에 자신을 국한하는 대신 살면서 당신의 도구를 만들어가면 된다. 물론 탁월한 재능을 갖춘 분야에 뛰어드는 편이 훨씬 성공하기 쉽겠지만, 마음만 먹으면 어떤 분야에서도 성공할 수 있다. 재능이 부족하면 기를 수 있다. 사람은 어떤 재능이든 최소한의 씨앗은 지니고 있기 때문이다.

자신에게 적합한 일을 하면 가장 쉽게 부를 얻을 수 있다. 하지만 기억해라. 재능과 능력에 앞서 하고 싶은 일을 해야 가장 만족스럽게 부자가 될 수 있다는 것을. 하고 싶은 일을 하며 사는 게 인생이다. 하기 싫은 일을 억지로 계속해야 한다면, 하고 싶은 일을 절대 할 수 없다면 그런 삶에서 어떻게 만족과 행복을 느낄 수 있겠는가. 간절히 하고 싶은 일이라면 언젠가 결국 할 수 있다는 점은 확실하다. 하고자 하는 열망 그 자체가 그 일을 할 수 있는 힘이 있다는 증거다.

열망은 힘이 있다는 사실을 보여준다. 예를 들어 음악을 연주하고 싶다는 열망이 표출되면, 발전을 추구하고 음악을 연주할 수 있는 힘이 생겨난다. 기계 장치를 발명하겠다는 열망이 바로 기계적 재능으로 이어지고, 이 재능 역시 밖으로 표출되고 더 발전하고 싶어 하는 힘이 생겨난다.

능력이 미숙하든 뛰어나든 어떤 일을 할 힘이 없다면 그 일을 하고 싶다는 열망도 전혀 생기지 않는다. 어떤 일을 하겠다는 열망이 강하다면 그것을 해낼 능력이 충분히 있다는 확실한 증거이며, 이를 올바른 방법으로 개발하고 사용하기만 하면 된다.

다른 조건이 모두 같다면 자신이 가장 뛰어난 재능을 보이는 분야를 선택해 일을 찾는 것이 제일 좋다. 하지만 어떤 특정한 일을 하고 싶다는 열망이 강하다면 그 일을 당신의 궁극적 목표로 선택해야 한다.

당신은 얼마든지 하고 싶은 일을 할 수 있다. 적성에 가장 잘 맞으면서 즐거운 일을 하는 것은 당신의 권리이자 특권이다. 하고 싶지 않은 일을 억지로 해야 할 의무는 없다. 원하는 일을 하기 위한 수단인 경우를 제외하면 하고 싶지 않은 일을 해서는 안 된다.

과거에 저지른 실수로 원하지 않는 일을 한다거나 바람직하지 않은 환경에 처했다면 당분간은 싫더라도 그 일을 해야 할지도 모른다. 하지만 그 일이 앞으로 원하는 직업을 얻기 위한 하나의 과정이라고 생각하면 그 일을 즐겁게 할 수 있을 것이다.

현재의 직장이나 직업이 마음에 들지 않는다고 해도 너무 성급하게 바꾸려고 하지 마라. 일반적으로 직업이나 환경을 바꾸는 가장 좋은 방법은 성장이다. 서서히 성장을 거치면서 변화를 추구하는 것이 바람직하다.

하지만 기회가 생겨 신중히 고민한 끝에 그 기

회가 적절하다고 판단될 때는 갑작스러운 변화를 두려워하지 마라. 다만 그렇게 하는 것이 현명한 결정인지 의심이 들 때는 성급하게 행동하지 않도록 주의한다. 창조적 차원에서는 결코 서두를 필요가 없다. 기회는 얼마든지 있기 때문이다.

경쟁의식에서 벗어나면 성급하게 행동할 필요가 없다는 사실을 알게 된다. 당신이 원하는 것을 이루지 못하게 방해할 사람은 아무도 없다. 모두에게 기회는 충분하다. 만약 한 자리가 사라지면 다른 자리 혹은 더 좋은 자리가 생길 것이다. 시간은 충분하다. 의심이 든다면 기다려라. 마음속 그림을 묵상하는 단계로 돌아가서 확고한 믿음과 목표를 길러라. 의심이 들고 망설여진다면 무엇보다 감사하는 마음을 키워라.

원하는 것을 상상하고 그 그림을 묵상하며 며

칠을 보내면서 당신이 받게 될 것에 대해 진심으로 감사하라. 그러면 신과 당신의 마음이 매우 밀접하게 연결되기 때문에 행동할 때 실수하지 않을 것이다.

모든 것을 아는 정신이 존재한다. 당신이 깊이 감사하는 마음을 지니고, 발전하려는 확고한 믿음과 목표가 있다면 그 존재와 가까워질 수 있다.

성급하게 행동하거나, 두려워하거나 의심할 때, 또는 모두에게 더 많은 생명을 부여한다는 올바른 동기를 잃어버렸을 때 실수가 발생한다.

특정한 방법으로 나아간다면 더 많은 기회가 당신에게 다가올 것이다. 믿음과 목표를 굳건히 하고 경건한 감사로 신의 마음과 긴밀한 관계를 유지해야 한다.

날마다 할 수 있는 모든 것을 완벽하게 하라.

걱정하거나 두려워하지 마라. 될 수 있는 한 빨리 가되 절대 서두르면 안 된다. 서두르는 순간 창조 자가 아닌 경쟁자가 된다는 점을 기억하라. 다시 예전의 경쟁을 위한 경기장으로 후퇴하게 된다.

스스로 서두른다고 느낄 때마다 멈추어 서라. 마음속으로 그린 원하는 이미지에 집중하고 그것 을 이미 받고 있다는 사실에 감사하라. 감사를 연 습하다 보면 틀림없이 믿음이 강해지고 목표 의 식도 새로워진다.

14장. 성장하고 싶은 욕구

직업을 바꾸든 바꾸지 않든 현재 당신의 행동
은 몸담고 있는 직종과 관련된 것이어야 한다.

현재 직업을 건설적으로 활용해서 특정 방식으
로 일상 업무를 수행함으로써 당신은 원하는 직
업을 얻을 수 있다. 현재 하는 일이 누군가를 직
접 만나거나 편지나 이메일, 전화 등으로 다른 사
람들을 상대하는 직업이라면 상대방에게 그들이
성장한다는 인상을 전달하는 데 모든 노력을 쏟

아부어야 한다. 성장은 모든 사람이 추구하는 가치다. 우리 안에 있는 무형의 지성이 더 완전하게 자신을 표현하고자 하는 욕구다.

성장하고 싶은 욕구는 모든 자연에 내재한 우주의 근본 성향이다. 인간이 하는 모든 활동은 성장 욕구에 기반을 두고 있다. 사람들은 더 많은 음식, 더 많은 옷, 더 좋은 집, 더 아름다운 사치품, 더 다양한 지식과 더 많은 즐거움, 더 풍족한 삶을 추구한다.

살아 있는 모든 것은 이처럼 지속적인 발전이 필요하다. 성장을 멈추면 동시에 소멸과 죽음이 시작된다.

우리는 본능적으로 이 사실을 알고 있기에 늘 더 많은 것을 추구한다. 예수는 달란트 비유*를 들어 이 끝없는 성장의 법칙을 설명했다. "있는

자는 더 받아 풍족하게 되고, 없는 자는 그 있는

것까지 빼앗기리라." 부자가 되려는 평범한 열망

은 악하거나 비난받을 만한 일이 아니다. 단지 더

---

* 멀리 여행을 떠나게 된 주인이 자신의 하인들을 불러 소유물을 맡기게 되었다. 주인은 하인들에게 그들의 재능에 따라 한 사람에게는 금 다섯 달란트를 주고, 한 사람에게는 금 두 달란트를, 다른 한 명에게는 한 달란트를 맡겼다. 그리고 주인은 여행을 떠났다. 다섯 달란트를 받은 하인은 즉시 그 돈으로 장사를 해서 다섯 달란트를 더 벌었다. 두 달란트를 받은 하인도 그같이 하여 두 달란트를 더 벌었다. 하지만 한 달란트를 받았던 하인은 장사를 하다 손해를 보면 안 된다며 땅을 파고 받은 돈을 숨겨두었다. 오랜 시간이 지난 뒤 주인이 돌아와 하인들과 결산을 했다. 다섯 달란트를 받은 하인이 나머지 다섯 달란트를 더 건네며 말했다. "주인님, 제게 금 다섯 달란트를 주셨는데, 보세요! 여기 다섯 달란트를 더 벌었습니다." 주인은 "착하고 충성된 종아, 네가 작은 일에 충성하였으니 내가 많은 것을 네게 맡길 것이다. 이리 와서 나와 함께 기쁨을 누리자"라고 말했다. 두 달란트를 받았던 하인도 와서 말했다. "주인님, 제게 두 달란트를 주셨는데, 보세요. 제가 두 달란트를 추가로 남겼습니다." 그 주인은 이렇게 말했다. "착하고 충성된 종아, 네가 작은 일에 충성하였으니 내가 많은 것을 네게 맡기겠다. 이리 와서 나와 함께 기쁨을 누리자." 그러자 한 달란트 받았던 하인이 와서 말했다. "주인님, 당신의 돈을 잃을까 두려워서 당신이 준 달란트를 땅에 감추어두었습니다. 보세요. 여기 당신 것이 있습니다." 그러자 주인이 말했다. "이 악하고 게으른 종아. 그러면 차라리 내 돈을 대금업자에게 맡겼다가 내가 돌아왔을 때 내 원금과 이자를 주지 그랬느냐. 그에게서 한 달란트를 뺏어서 열 달란트를 가진 자에게 주라. 무릇 있는 자는 더 받아 풍족하게 되고, 없는 자는 그 있는 것까지 빼앗기리라. 이 쓸모없는 종을 바깥 어두운 데로 내쫓아라. 거기서 슬피 울며 이를 갈게 하라."

풍족한 삶에 대한 욕망이며 열망일 뿐이다. 또한 이는 인간의 가장 근본적인 본능이기 때문에 모든 사람은 자신에게 더 나은 삶의 수단을 제공하는 사람에게 저절로 끌리기 마련이다.

이 책에서 설명하는 특정한 방식을 따르면 계속해서 성장할 수 있으며, 당신이 상대하는 모든 사람의 성장 역시 도울 수 있다.

당신은 모두에게 성장을 전하는 창조의 중심이 된다. 이 사실에 확신을 갖고 만나는 모든 사람에게 그 확신을 전하라. 어린아이에게 사탕 한 봉지를 파는 일처럼 아무리 사소한 거래일지라도 성장에 관한 생각을 담아라. 그리고 반드시 고객이 그것을 느끼게 하라.

모든 사람이 당신을 발전하는 사람이라고 여기며, 당신을 만나는 사람 역시 모두 성장한다고 생각할 수 있도록 당신이 하는 모든 일에 성장이라는 생각을 심어서 전달하라. 꼭 사업이나 일이 아니더라도 일상적으로 만나는 사람들에게도 성장이라는 생각을 전하라.

스스로 성장하고 있다고 굳게 믿음으로써 이 확고한 믿음이 당신이 하는 모든 행동에 영감을 주고 모든 행동에 배어 나온다면, 성장한다는 믿음을 주변 사람들에게 전할 수 있다. 자신은 성장하는 사람이며 다른 사람들도 성장할 수 있게 돕는다는 확고한 신념을 가지고 모든 일에 임하라.

부자가 되고 있다고 느껴라. 그렇게 함으로써 다른 사람들도 풍요롭게 하고, 그들에게 이로움을 준다고 생각하라.

성공을 자랑하거나 쓸데없이 떠벌리지 마라. 진정한 믿음을 지닌 사람은 절대 잘난 체하지 않는다. 자랑하고 잘난 체하는 사람은 남몰래 의심하고 두려워하는 사람이다. 그저 확고하게 믿고 그 믿음을 모든 거래에 적용하라. 모든 행동과 말투, 표정에서 당신이 부자가 되어가는 중이며 이미 부자라는 사실을 조용히 드러내라. 이런 느낌을 전달하는 데 말은 필요하지 않다. 사람들은 당신을 만나면 성장한다는 느낌을 받을 것이고 그러면 당신에게 끌릴 것이다.

사람들에게 당신을 만나면 자신도 성장하고 풍요로워질 것이라는 인상을 주고 느끼게 하라. 상대방에게 받은 현금 가치보다 더 큰 이용 가치를 돌려주라. 자부심을 느끼며 그렇게 행동하라. 만일 당신이 사업을 한다면 고객이 끊이지 않을 것이다. 사람들은 성장을 경험한 곳으로 몰린다. 모든 존재가 성장하기를 바라고, 모든 것을 아는 신이 당신에 대해 들어본 적도 없는 사람들을 당신에게 인도할 것이기 때문이다. 사업은 급속도로 번창할 것이고 당신은 예상치 못한 수익에 놀라게 될 것이다. 매일매일 사업 규모가 커지고 더 많은 수익을 손에 넣고, 원한다면 더 좋아하는 일을 찾을 것이다.

분명한 점은 이 모든 것을 할 때 원하는 것에 대한 확고한 그림, 원하는 것을 얻겠다는 변함없는 믿음과 목표를 놓쳐서는 안 된다. 동기부여에 관한 주의사항을 하나 짚고 넘어가자. 남을 지배하려는 교활한 유혹을 조심하라는 것이다. 성숙하지 못한 사람은 다른 사람을 짓밟고 권력이나 지배력을 행사할 때 즐거움을 느낀다. 이기적인 만족감을 위해 남을 지배하려는 욕망은 재앙을 일으킨다. 오랜 세월 동안 왕과 군주들은 자신의 영토를 확장하기 위해 전쟁을 벌이고 세상을 피로 물들였다. 이는 모두를 위해 더 많은 생명을 추구하는 것이 아니라 자신을 위해 더 많은 권력을 얻기 위해서였다.

오늘날 재계와 산업계의 주요 동기도 마찬가지다. 엄청난 자금을 동원해 다른 사람을 지배하기 위한 쟁탈전을 벌이며 수백만 명의 삶과 영혼을 짓밟는다. 기업가들도 과거에 통치했던 왕들처럼 권력이라는 욕망에 사로잡혀 있다.

권력을 추구하고, 뭐든 마음대로 하려 하며, 대중보다 우월한 사람으로 올라서고 싶고, 호화로운 모습을 보이고 싶은 유혹을 경계하라.

다른 사람을 지배하려는 마음은 경쟁하는 마음이다. 경쟁 심리는 창조적인 마음이 아니다. 당신의 환경과 운명을 다스리려고 다른 사람을 다스릴 필요는 없다. 높은 자리를 차지하려고 세속적인 투쟁에 뛰어드는 순간 당신은 운명과 환경의 주인이 아니라 노예가 된다. 그러면 부자가 되는 것은 순전히 우연과 요행에 따라 결정된다.

경쟁 심리를 주의하라! 새뮤얼 존스Samuel Milton Jones가 즐겨 쓰던 '황금률'은 창조 행동의 원칙을 가장 잘 보여준다.

"무엇이든지 남에게 대접을 받고자 하는 대로 너희도 남을 대접하라."

15장. 발전하는 사람에게 찾아오는 기회

앞에서 말한 '발전적인 생각을 품어서 만나는 모든 사람에게 성장하는 느낌을 주라'는 내용은 장사하는 사람뿐만 아니라 전문직 종사자나 월급 받는 사람에게도 똑같이 적용된다. 의사든, 선생님이든, 성직자든 상관없이 다른 사람들이 성장하도록 돕고 상대방도 그 사실을 깨닫게 할 수 있다면 사람들은 당신에게 끌릴 것이고 당신은 부자가 되는 길에 들어설 수 있다. 훌륭하고 성공적인 치료자가 되겠다는 꿈을 가진 의사가 앞서 설명한 내용처럼 확고한 믿음과 목표로 그 꿈을 온전히 실현하기 위해 매진한다면, 신과 매우 가까워져 환자들이 몰려올 것이고 경이로운 성공을 거둘 것이다.

이 책의 가르침을 제대로 실행에 옮길 수 있는 사람 중 하나가 의사다. 세부 분야가 뭐든 상관없다. 치유의 원칙은 모두에게 공통으로 적용되며 모두가 도달할 수 있기 때문이다. 성장하는 의료인이 성공하겠다는 분명한 이미지를 마음에 품고 믿음, 목표, 감사의 법칙을 따른다면 어떤 환자든 치료할 수 있다.

종교 분야에서도 세상은 풍족한 삶을 살게 하는 진정한 과학을 가르칠 수 있는 성직자를 간절히 찾고 있다. 부자가 되는 과학, 건강해지는 과학, 사랑받는 법의 자세한 내용을 깨닫고 강단에서 이런 내용을 구체적으로 가르치는 사람은 늘 신도들로 북적댈 것이다. 이것이야말로 세상에 필요한 복음이다. 사람들은 기뻐서 귀를 기울이며 이를 전해준 사람에게 아낌없는 지지를 보낼 것이다. 이제 필요한 것은 강단에서 삶의 과학을 입증하는 것이다. 우리는 방법을 알려줄 뿐 아니라 그 방법을 몸소 실천해 보여줄 수 있는 설교자를 원한다. 스스로 부자이면서 건강하고 훌륭하고 사랑을 받으면서, 어떻게 하면 그렇게 될 수 있는지 직접 보여줄 사람 말이다. 그런 사람이 나타나면 수많은 사람이 신실하게 그를 따를 것이다.

발전하는 삶에 대한 믿음과 목표를 아이들에게 심어줄 수 있는 교사도 마찬가지다. 그런 교사는 절대 직장을 잃는 일이 없을 것이다. 그리고 이러한 믿음과 목표를 가진 교사라면 제자들에게도 그런 믿음과 목표를 전해줄 수 있다.

이는 교사, 성직자, 의사와 마찬가지로 변호사, 치과의사, 부동산 중개업자, 보험 대리인 모두에게 해당한다.

앞에서 설명한 대로 생각과 행동이 결합하면 결코 실패하지 않는다. 그 가르침을 꾸준히, 참을성 있게 따르는 사람은 모두 부자가 될 것이다. 생명의 성장 법칙은 중력의 법칙처럼 정확하다. 부자가 되는 것은 정밀한 과학이다.

월급을 받는 직장인 역시 위에서 언급한 다른 직종의 사례와 마찬가지다. 승진할 기회가 눈앞에 보이지 않고 월급은 적으며 생활비가 비싼 지역에서 일한다고 해서 부자가 될 기회가 없다고 생각하지 마라. 당신이 원하는 바를 선명하게 마음속에 그리고 확고한 믿음과 목표를 가지고 일하면 된다.

날마다 할 수 있는 모든 일을 하고, 각각의 일을 성공적인 방식으로 수행하라. 성공해 부자가 되겠다는 목표를 당신이 하는 모든 일에 불어넣어라.

그러나 고용주나 상사에게 잘 보여 승진해보겠다는 생각으로 이것을 실천해서는 안 된다. 고용주나 상사가 승진시켜줄 가능성은 거의 없다. 좋은 일꾼인 사람이 능력을 최대한 발휘해 자기 책임을 다하면 고용주가 그 직원을 인정해주긴 하지만, 그를 승진시키는 데는 크게 관심이 없다. 그런 사람은 현재 그 자리에 있을 때 그리고 그렇게 행동하고 있을 때 더 가치가 있기 때문이다.

확실히 승진하려면 자신의 직책에 필요한 능력보다 더 큰 능력이 요구된다. 발전할 것이 분명한 사람은 현재 직책보다 더 큰 능력을 갖추고 있으며 자신이 원하는 바에 대한 분명한 개념을 지닌 사람이다. 자신이 바라는 대로 될 수 있다는 사실을 알고 있으며, 그렇게 하기로 마음먹은 사람이다.

고용주를 기쁘게 하려고 현재 맡은 직책 이상의 일을 하려고 하지 마라. 자신을 발전시키겠다는 마음으로 그렇게 하라. 일하는 시간 동안, 일을 마친 이후, 그리고 일하기 전에도 늘 발전한다는 믿음과 목표를 가져라. 상사, 동료, 아는 사람 등 당신과 만나는 모든 사람이 당신에게서 나오는 목표 달성의 힘을 느낄 수 있게 하라. 그러면 누구나 당신을 보고 발전하고 성장하는 사람이라고 생각할 것이다. 사람들은 당신에게 끌릴 것이고, 현재 직업에서 승진할 가능성이 없더라도 머지않아 다른 일을 얻을 기회가 찾아올 것이다.

특정한 법칙을 따르며 발전하는 사람에게는 반드시 기회가 찾아온다. 그렇게 만드는 힘이 존재한다. 당신이 특정한 방식으로 행동하면 신은 당신을 돕지 않을 수 없다. 신 자신을 위해서라도 그렇게 해야만 하기 때문이다.

당신이 처한 환경이나 업계의 상황도 당신을 좌절시킬 수 없다. 대기업에 다니면서 부자가 될 수 없다면 농장을 사서 농사일로 부자가 될 수도 있다. 특정 방식으로 움직이기 시작한다면 분명히 하기 싫은 일의 손아귀에서 벗어나 농장이건 어디건 당신이 원하는 곳으로 갈 수 있다.

어떤 기업에서 일하는 직원 수천 명이 특정한 방식으로 행동하기 시작하면 그 기업은 곧 곤경에 처할 것이다. 회사는 직원들에게 더 많은 기회를 주거나 그렇지 않다면 사업을 중단해야 할지도 모른다. 누구든 조직을 위해 일할 필요는 없다. 부자가 되는 과학을 아예 모르거나 실천하기에는 지적으로 너무 게으른 사람들이 모여 있지 않은 한, 회사는 사람들을 절망적인 상황에 놓이게 할 수 없다.

특정 방식으로 생각하고 행동하라. 그러면 확고한 믿음과 목표로 인해 상황을 개선할 기회를 재빨리 포착하게 될 것이다. 그런 기회는 빠르게 찾아온다. 모든 생명 안에서 일하는 초월적 힘이 기회를 가져다주기 때문이다.

원하는 것을 모두 달성하게 해줄 단 한 번의 기회를 기다리지 마라. 지금보다 더 나아질 기회가 왔고 거기에 끌린다면 그 기회를 잡아라. 더 좋은 기회를 향한 첫걸음이 될 것이다. 이 우주에서 발전하는 사람에게 기회가 오지 않는 경우는 절대 있을 수 없다.

세상 모든 것이 발전하는 사람을 위해 일하고, 발전하는 사람의 선善을 위해 작용한다. 이것이 우주의 고유한 특성이다. 발전하는 사람이 특정한 방식으로 생각하고 행동하면 그 사람은 반드시 부자가 된다. 그러니 월급을 받는 사람이라면 이 책을 주의 깊게 연구해라. 확신을 가지고 여기서 말하는 행동 지침을 따르라. 절대 실패하지 않을 것이다.

16장. 주의사항과 결론

많은 사람이 부자가 되는 정확한 과학이 있다는 생각을 비웃을 것이다. 그들은 부의 공급량에 한계가 있다고 여기기 때문에 사회와 정부 정책이 바뀌어야만 많은 사람이 부유해질 수 있다고 주장한다. 하지만 이것은 사실이 아니다.

현 정부가 대중을 가난 속에 내버려 두는 것은 사실이지만 이는 대중이 특정한 방식으로 생각하고 행동하지 않기 때문이다.

대중이 이 책에서 제시한 대로 움직이기 시작하면 정부나 산업 체계도 그들을 견제할 수 없다. 모든 체계가 그 발전을 수용하기 위해 수정될 수밖에 없다. 발전하려는 마음, 부자가 될 수 있다는 확고한 믿음과 부자가 되겠다는 변치 않는 목표를 가지고 앞으로 나아간다면 그 무엇도 그들을 가난에 묶어둘 수 없다.

개개인은 언제든지, 어떤 정부 체제에서든지 특정한 방식으로 행동할 수 있다. 그러면 스스로 부자가 될 수 있다. 또한 어떤 정부든 다수의 사람이 그렇게 한다면, 그들을 위해 길이 열리도록 체제가 바뀔 것이다.

경쟁에서 이겨 부를 얻는 사람이 많아지면 나머지 사람들의 상황은 더욱 나빠진다. 하지만 창조 세계에서는 부자가 되는 사람이 많아질수록 나머지 사람들의 상황도 좋아진다.

이 책에서 제시하는 과학적 방법을 많은 사람
이 실천하고 부자가 되도록 해야만 대중을 경제
적으로 구원할 수 있다. 이것이 본보기가 되면 다
른 사람들도 진정한 삶에 대한 열망을 가지고 그
것을 달성할 수 있다는 믿음과 진정한 삶을 성취
하고 말겠다는 목표를 고취할 수 있다.

그러나 현재로서는 정부 체제나 자본주의 또는
경쟁적인 시스템 때문에 당신이 부자가 되지 못하
는 것이 아님을 아는 것만으로도 충분하다. 창조
적으로 생각하기 시작하면 이 모든 것을 넘어서서
당신은 전혀 다른 세계로 들어서게 될 것이다.

당신의 생각이 반드시 창조적 세계에 머물러야
함을 기억하라. 단 한순간도 부의 공급이 제한되
어 있다는 생각이나 경쟁의식에서 비롯된 행동을

하지 마라. 낡은 사고방식에 빠질 때마다 즉시 자신을 바로잡아라. 경쟁하는 마음을 가지면 모두를 살피는 신의 도움을 받을 수 없다.

미래에 일어날지 모를 긴급 상황에 대처할 계획을 세우느라 시간을 낭비하지 마라. 단, 그 계획이 지금 행동에 영향을 미칠 수 있는 경우는 예외다. 오늘 일을 완벽하게 성공적으로 해내는 데 관심을 두고, 내일 발생할 수 있는 긴급 상황에는 신경 쓰지 마라. 긴급 상황이 실제로 일어나면 그때 처리하면 된다.

사업을 하는데 곧 닥칠 것 같은 장애물을 극복하는 방법에 대해 오늘 당장 어떤 조처를 해야 하는 경우가 아니라면 미리 고민하지 마라. 저 멀리 아무리 큰 장애물이 나타나더라도 특정한 방식으로 계속 나아가다 보면 막상 가까이 다가갔을 때 그 장애물은 사라질 것이다. 설령 장애물이 사라지지 않더라도 그것을 극복하거나 우회할 다른 길이 나타날 것이다.

어떤 상황이 겹치더라도 과학적 방식을 정확히 따르며 부자가 되기 위해 노력하는 사람을 막을 수 없다. 그 법칙을 지키는 사람은 반드시 부자가 될 수밖에 없다. 2 곱하기 2는 4일 수밖에 없는 이치와 마찬가지다.

닥칠지 안 닥칠지 모를 재난, 장애물, 공황 또는 여러 불리한 상황이 겹쳐서 오는 것에 대해 불안해하지 마라. 막상 당신 앞에 이런 문제들이 닥쳤을 때 대처할 시간은 충분하다. 모든 어려움은 그것을 극복할 수 있는 수단도 함께 나타나기 마련이다.

말을 조심하라. 당신 자신, 당신과 관련된 일뿐

아니라 다른 어떤 일에 대해서도 낙담하거나 좌절하는 말은 하지 마라. 실패 가능성을 인정하거나 실패를 암시하는 말도 절대 하지 마라. 시대가 어렵다거나 사업 전망이 불확실하다고 절대 말하지 마라. 경쟁 세계에 있는 사람은 사업 환경이 힘들고 불확실한 시기를 겪을 수 있지만, 당신에겐 절대 그런 일이 일어나지 않는다. 당신은 원하는 것이 무엇이든 창조할 수 있고 두려움을 이겨낼 수 있다. 다른 사람이 힘든 시간을 보내고 사업상 어려움을 겪을지라도 당신은 좋은 기회를 발견할 것이다.

세상을 점점 성장하는 존재로 바라보고 악은 그저 변변찮은 것으로 간주하도록 자신을 단련하라. 항상 발전적 관점에서 말하라. 그렇게 하지 않으면 믿음을 부인하는 것이고, 이내 믿음을 잃게 된다.

절대 실망하지 마라. 원하던 것을 일정한 기간 안에 얻게 될 것으로 기대했지만 막상 그때 원하던 것을 얻지 못할 수도 있다. 실패처럼 보이겠지만, 확고한 믿음이 있다면 실패란 그저 겉보기에만 그렇다는 점을 알게 될 것이다.

특정한 방식으로 계속 매진하라. 당신이 원하던 것을 얻지 못하더라도, 나중에 훨씬 더 좋은 것을 얻게 되므로 앞서 실패처럼 보였던 일이 사실 엄청난 성공이었다는 사실을 깨닫게 될 것이다.

부자가 되는 과학을 공부하던 사람이 당시 매우 그럴싸해 보이던 어떤 사업을 하기로 마음먹었다. 그리고 목표를 이루기 위해 몇 주간 열심히 일했다. 중요한 시기가 왔을 때, 전혀 설명할 수 없는 방식으로 그 일이 무산됐다. 마치 보이지 않는 어떤 영향력이 비밀리에 작용하는 것 같았다. 하지만 그는 실망하지 않았다. 오히려 자신의 바람이 이루어지지 않은 것에 대해 신에게 감사했고, 이후에도 감사하는 마음으로 꾸준히 일을 계속해나갔다. 몇 주 후에 처음과는 비교할 수 없을 정도로 더 좋은 기회가 찾아왔다. 그는 깨달았다. 그보다 더 많은 것을 아는 초월적 존재가 자신에게 더 훌륭한 기회를 주기 위해 처음에 나쁜 일을 경험하게 했다는 사실을 말이다.

확고한 믿음을 가지고, 목표를 지키고, 감사하며, 매일 그날 할 수 있는 모든 일을 성공적으로 완수한다면, 겉으로 실패처럼 보이는 일들도 이와 같은 방식으로 당신에게 이로운 쪽으로 작용할 것이다.

당신이 실패한다면 그것은 충분히 요구하지 않

았기 때문이다. 주저하지 말고 계속하면 원하던 것보다 훨씬 더 좋은 것이 당신에게 올 것이다.

기억하라. 하고 싶은 일을 하는 데 필요한 재능이 부족해서 실패하는 경우는 없을 것이다. 이 책에서 말한 대로 계속해나간다면 필요한 모든 재능을 키울 수 있다. 재능을 키우는 과학을 다루는 것은 이 책의 범위를 넘어서지만, 그 역시 부자가 되는 과학만큼이나 분명하고 간단하다.

막상 어떤 지점에 다다랐을 때 능력이 부족해서 실패할지 모른다는 두려움으로 주저하거나 흔들리지 마라. 계속 나아가 그 지점에 이르면 필요한 능력이 주어질 것이다. 학교 교육을 제대로 받지 못한 링컨이 그 어떤 대통령보다 더 위대한 업적을 이룰 수 있었던 바로 그 능력의 원천이 당신에게도 열려 있다. 당신에게 주어진 책임을 다하는 데 필요한 지혜를 신에게 받을 수 있다. 확고한 믿음을 가지고 계속 나아가라.

이 책을 공부하라. 이 책에 담겨 있는 모든 내용을 완전히 익힐 때까지 늘 곁에 두고 읽어라. 이 내용을 확실하게 믿기 전까지 모든 취미나 즐거움을 멀리하라. 이것과 어긋나는 내용을 다루는 강의나 설교는 듣지 마라. 비관적이거나 책의 가르침과 상반되는 내용의 글을 읽지 말고, 그 문제에 대해 논쟁하지도 마라. 서문에 언급된 작가들의 글을 제외한 다른 글은 읽지 마라. 마음속 그림을 깊이 생각하고, 감사하는 마음을 기르며, 이 책을 읽는 데 여가 시간을 써라. 이 책에는 부자가 되는 과학에 대한 모든 내용이 담겨 있다.

17장. 부자가 되는 과학의 핵심

만물의 근원이 되는 생각하는 물질이 있다. 이 물질은 우주 공간 사이에 스며들고, 침투하며, 우주를 가득 채우고 있다. 이 물질에 생각이 깃들면 그 생각은 자신이 생각한 이미지를 형상으로 만든다. 사람은 형상을 생각할 수 있으며 생각한 형상을 무형 물질에 각인함으로써 자신이 생각했던 사물을 만들어낼 수 있다.

이렇게 하기 위해서는 경쟁의식에서 벗어나 창

조적인 마음가짐을 가져야 한다. 그렇지 않으면 항상 창조적이며, 절대 경쟁하지 않는 무형의 지적 존재와 조화를 이룰 수 없다.

근원 물질이 우리에게 주는 축복에 대해 진심으로 깊이 감사함으로써 무형 물질과 완전한 조화를 이룰 수 있다. 감사는 우리 마음과 근원 물질을 하나로 만들어 우리 생각을 근원 물질에 전달한다. 항상 깊이 감사하여 무형의 지적 존재와 결합해야만 창조의 세계에 머물 수 있다.

우리는 자신이 갖고 싶은 것, 하고 싶은 것, 되고 싶은 모습을 마음속에 명확하고 분명한 그림으로 가지고 있어야 한다. 그리고 그 이미지를 마음에 새기며, 모든 소망을 갖도록 허락해준 신에게 깊이 감사해야 한다. 부자가 되고 싶다면 시간이 날 때마다 마음속 그림을 깊이 생각하고, 그것이 현실로 이루어지고 있다는 데 진심으로 감사해야 한다. 변함없는 믿음과 진정으로 감사하는 마음으로 그 이미지를 자주 사색하는 것이 무엇보다 중요하다. 이 과정은 이미지를 무형의 근원 물질에 각인해서 창조적 힘을 움직이게 한다.

창조 에너지는 이미 존재하는 자연적 성장 과정, 산업 및 사회적 질서를 통해 움직인다. 흔들리지 않는 믿음을 가지고 위에서 말한 지침을 따른다면 마음속으로 생각한 모든 바가 반드시 실현될 것이다. 이미 자리 잡은 무역이나 상업 등의 거래 방식을 통해 원하던 것이 우리에게 찾아올 것이다.

원하던 것이 우리에게 다가올 때 이것을 받기 위해서는 적극적으로 행동해야 한다. 이는 자신의 현재 직책에 충실한 것 이상을 의미한다. 마음속에 그린 이미지를 실현해서 반드시 부자가 되겠다는 목표를 잊어서는 안 된다. 날마다 그날 할 수 있는 모든 일을 하되 효율적으로 해야 한다.

모든 사람에게 우리가 받는 현금 가치보다 더 많은 이용 가치를 돌려주어야 한다. 그렇게 하면 모두의 삶이 더 나아질 수 있다. 발전적인 생각을 굳건히 함으로써 우리가 만나는 모든 사람에게 성장할 수 있다는 느낌을 전달해야 한다.

여태까지 말했던 지침을 실천하는 사람은 남녀노소를 막론하고 반드시 부자가 될 것이다. 마음속 그림이 얼마나 선명한가, 목표가 얼마나 확고한가, 믿음이 얼마나 굳건한가, 감사의 마음이 얼마나 깊은가에 따라 당신에게 찾아오는 부의 크기가 결정된다.

옮긴이 이상미

이화여자대학교에서 경영학 석사학위를 취득하고 CJ인재원에서 임직원의 리더십 개발 및 역량 교육을 담당했다. 대외경제정책연구원에서 10년 이상 근무하며 국제개발협력, 공적개발원조, G20에 관해 연구하였다. 현재 바른번역 소속 전문 번역가로 활동 중이다.

부는 어디서 오는가

초판 1쇄 발행 2022년 12월 24일
초판 6쇄 발행 2023년 2월 10일

지은이 월리스 와틀스 **옮긴이** 이상미
펴낸이 김선준

기획편집 서선행(sun@forestbooks.co.kr) **편집2팀** 배윤주 **디자인** 엄재선
책임마케팅 신동빈 **마케팅** 권두리, 이진규
책임홍보 권희 **홍보** 한보라, 이은정, 유채원, 유준상
경영지원 송현주, 권송이

펴낸곳 ㈜콘텐츠그룹 포레스트 **출판등록** 2021년 4월 16일 제2021-000079호
주소 서울시 영등포구 여의대로 108 파크원타워1 28층
전화 02) 332-5855 **팩스** 070) 4170-4865
홈페이지 www.forestbooks.co.kr

ISBN 979-11-92625-77-5 (03320)

㈜콘텐츠그룹 포레스트는 독자 여러분의 책에 관한 아이디어와 원고 투고를 기다리고 있습니다. 책 출간을 원하시는 분은 이메일 writer@forestbooks.co.kr로 간단한 개요와 취지, 연락처 등을 보내주세요. '독자의 꿈이 이뤄지는 숲, 포레스트'에서 작가의 꿈을 이루세요.